꽃시집

가족/꽃/마음

- 이 세상 가장 마지막까지 남아 있는 말 -

조 심 해

목 차

『꽃시집을 엮으며』 - 조심해 • 7

[I 부] 가족을 담다

꽃, 꽃 • 17
나의 옛날이야기 • 19
노을 • 21
다듬이 소리 • 23
동글다 사랑 • 25
둘째 이모 • 27
등대 가는 길 • 29
목욕탕에서 • 31
묵호 등대 • 33
별들의 고향 • 35
부모 • 37
사랑 줄 • 39
생일 선물 • 41
神은 나에게 많은 걸 주지 않았다 • 43
아버지 • 45
아버지의 단잠 • 49

아버지의 술 • 51
어머니 • 53
어머니 말씀 • 57
어머니와 바다 • 59
전국 노래자랑 • 61
첫눈 오는 날 • 63
첫 제사 • 67
태권 소녀 • 69
행복 • 71

[Ⅱ부] 꽃을 담다

가을 눈(雪) • 75
구름꽃 • 77
꽃별 • 79
꽃이 피어난 날 • 81
꽃 편지 • 83
나의 봄 • 85
낙조(落照) • 87
단풍 • 89
단풍 Ⅲ • 91
동백꽃 • 93
마음 하나 • 95
목련꽃 • 97

백복령의 봄 • 99
벚꽃 그늘 • 101
벚꽃 사랑 • 103
벚꽃 시간 • 105
벚꽃 엔딩 • 107
벚꽃 피날레 • 109
봄바람 • 111
봉숭아 물들이는 시간 • 113
아침 단풍 • 115
은행잎의 춤 • 117
이별의 순간 • 119
칠석의 눈물 • 121

[Ⅲ부] 일상을 담다

개점휴업 • 125
고궁(古宮) • 127
구파발의 봄 • 129
까마귀 • 131
꽃 피는 시험 • 133
너에게 미안하다 • 135
받침목 • 137
복수 • 139
북한산 • 141
비 • 143
사는 게 힘들다 • 145

상빈이의 하루 • 147
서서 가는 인생 • 151
소주 • 153
시험 감독 • 155
약수터 • 157
이사 • 159
일상 스케치 • 161
진로 적성 검사 • 163
진실 • 167
첫사랑 • 169
청춘의 덫 • 171

[IV부] 두 줄 시

가을 단풍 • 175
가을 편지 • 177
개꿈 • 179
갯벌 • 181
과대포장 • 183
금연 • 185
꽃망울 • 187
꽃의 탄생 • 189
너는 사랑이 없다 • 191
넌 나의 꿈 • 193
노을 • 195
단풍 II • 197

매미 • 199
무서운 병(病) • 201
바람 • 203
섬 • 205
숨바꼭질 • 207
숯 • 209
시련과 용기 • 211
옹이 • 213
첫사랑 • 215
최고의 사랑 • 217
출퇴근길 • 219
하루 • 221

감정의 구조와 기억의 미장센, 『가족 / 꽃 / 미음』 - 이정목 • 222
찰나의 아름다움과 소멸의 미학 ('노을'에 대한 감정) - 천승일 • 228
『가족 / 꽃 / 일상을 담다』 - 강전용 • 233
내 마음을 흔들어놓은 시 - 조혜리 • 236
꽃이 되지 못한 시 • 241

『꽃시집을 엮으며』
-【가족 / 꽃 / 마음】-

心海 조 남 진

[1부 가족을 담다]

　김남권 시인의 '당신이 따뜻해서 봄이 왔습니다'처럼 나의 봄은 가족이다. 어머니 아버지는 봄의 뿌리이며 나와 아내는 줄기가 되고, 딸과 아들은 가지를 만들고 다채로운 색의 꽃과 이파리를 터뜨리며 살아가고 있다. 시 '꽃, 꽃'은 2021년 강원문단 등단작이다. 차에서 내려 5분 정도의 산길을 거뜬히 걷던 어머니의 심장은 숨이 차 더는 산소를 오를 수 없는 지경이 되었다. 올해 봄이 오기 전, 일요일마다 나를 생각하던 어머니는 더 이상 내 생각을 그만하고 아버지의 옆자리로 가버렸다.

　지금은 휴식과 체험의 테마 공간으로 변신한 무릉별유천지는 35톤부터 80톤 트럭에 낮이나 밤이나 무거운 돌을 싣고 오가던 아버지의 일터였다. 한없이 부드러운 시멘트 가루는 물을 만나면 아버지의 고단함이 응축되어 단단하게 굳었지만, 대부분 그러했듯

무허가였던 우리 집의 담장은 마음만 먹으면 구멍이 숭숭 뚫렸다.

묵호 산비탈과 앞바다, 가난하여 집도 없이 움막을 파고 살 때였다. 부둣가 막노동자였던 아버지의 한쪽 눈은 일하다가 눈을 다쳐 실명에 이르렀어도 보상은커녕 일자리가 끊길 것 같아 하소연도 하지 못했다. 포대를 뒤집어쓰고 놀다가 비탈에 굴러 정신을 잃고 의식이 없자 죽었을 거라 한나절을 방치하다가 터널을 지나는 기차의 기적소리에 놀라 깨어난 것도 모두 내가 세 살 무렵 때 일이다.

묵호에서의 생활은 2~3년 남짓이지만 드문드문 떠오르는 기억과 함께 삼화에서의 기억은 대부분 가난의 역사다. 무릉계곡이 근처에 있는 쌍용양회 공장으로 취직이 되면서 그곳에서의 초중고 생활 역시 성장기에 있어 맛있는 음식을 보면 먹고 싶다는 생각뿐, 대부분 먹거나 가질 수는 없는 것들이었다.

아홉 살이거나 열 살 무렵이다. 다른 교과서에 비해 질이 좋았던 미술 교과서에는 다달이 내야 했던 월사금 납부 확인에는 담임 선생님의 도장 종이가 붙어있었고, 교가에는 공장 이름이 들어가 있었다. 점심시간이 되면 소보르빵 하나, 우유 하나를 미국이 원조하여 준 것을 한끼 식사로 먹던 기억도 이젠 가물거린다.

야간 근무를 마치고 아침 8시에 퇴근하여 오후에 다시 출근하는 날이면 부족한 아버지의 잠을 지켜야 했기에 골목길 조무래기들의 함성 차단은 비장한 각오로 나서는 전투였다. 야근이면 지급되던 라면 한 개는 아버지의 것도 우리 것도 아니었다. 마흔 개였던가

라면 1박스가 모이면 시장에 가 팔고 왔기에 가족 모두 라면은 1년에 한두 번 먹는 귀한 음식이었다.

  태권도장 아래로 큰 냇물이 흐르고 있는데 어머니는 어느 겨울날 품삯을 받으며 종일 빨래를 하였고, 그것은 나와 동생이 태권도 빨간띠가 될 때까지의 출처였다. 우리의 봄은 언제나 부모님으로부터 온 것이다.

  봄은 꽃을 불러왔고, 나의 꽃은 아내와 딸 아들이다. 아내의 생일에는 나뭇잎을 말려서 시를 써서 한동안 보냈고, 커가는 아이들 역시 시와 편지글로 기쁨을 표현했다. 꽃이 피어 있어 그 길을 걸어갈 땐 즐거웠고, 그 시간이 매우 행복하였다. 아끼는 모든 것들이 하나씩 사라지고 멀어진다고 하더라도 가장 마지막까지 남아 있는 소중한 건 가족이라는 것을 꽃을 통해 다시금 생각하게 되었다.

[2부 꽃을 담다]

  터를 내린 그 자리에서 꽃은 한두 달은 거뜬하게 가장 아름답고 예쁜 꽃잎을 폭죽처럼 터트리며 피어났고, 정원의 붉은 장미나 화단의 노란 나리꽃은 피어날 때 그 존재감은 어찌나 강렬한지 나의 마음을 단번에 사로잡았다. 그러나 한 달쯤 지나서 어느 날 보면 시들해지고 자취를 감춘 채 이파리만 그 자리를 대신하고 있어 미인박명(美人薄命)은 꽃에게도 제법 어울리는 말처럼 안타까웠다.

  그러나 누군가 심지 않은 들풀은 백 일이 지나도 똑같은 꽃잎을 피우며 없는 듯 있는 듯 그 자리를 지키고 있었다. 그런 들꽃일수록 하나의 줄기에서 서로 다투지 않고 순서대로 꽃잎을 싹틔우고 있었다. 그리고 옆자리에 모여서 하나씩 둘씩 피고 지며 4월은 5월과 6월을 거쳐 7월에도 한결같은 모습으로 여름을 살고 있었다. 벚꽃잎이 질 때면 태풍과 장마에도 순서에 따라 떨어졌다. 초록은 그대로인데 떨어지는 모든 잎은 어김없이 같은 색의 이파리였다.

꽃은 저마다의 방식으로 색을 키우고 열매를 품고 거두면서 그 자리를 지켜가고 있기에 꽃의 시간은 생명의 시간과도 같았다. 누군가의 아픔으로 대신 피어나기도 하고, 누군가의 축복으로 만발하기도 하면서 빨주노초파남보 무지개색에 흰 꽃까지 같은 색을 피해 가면서 계절을 살아가고 있었다.

꽃잎을 얻을 때 나만의 방식을 따랐다. 매일 오가는 같은 길에서 꽃잎을 얻었고, 몇몇은 산행을 통해서다. 그렇지만 화단이나 화분에 피어 있거나 가장 처음에 핀 꽃은 취하지 않았고, 화단에 떨어져 있거나 방치되어 길가에 우수수 피어 있는 꽃잎을 잘 말린 후 압화하여 색종이에 옮겼다. 특별히 눈에 들어오거나 특별하기보다는 가장 평범한 꽃잎을 찾았다. 모든 꽃은 다 예쁘고 아름답기 때문이다.

[3부 일상을 담다]

마피아보다도 무섭다는 중2병, 그러나 요즘 그보다 더 무서운

게 초4병이라는데 나의 4학년 모습은 어땠을까, 견주어보니 너무 대비된다. 절대복종의 시간, 그저 시키면 시키는 대로 하던 시절이었다.

보리밥 혼식을 장려하고 담임선생님이 도시락을 검사하여 위에만 보리밥을 살짝 올려서 매서운 눈을 피했다는 서울과 달리 감자바위로 통하는 대관령 아랫동네의 나는 6년 내내 딱 한 번, 내 생일에만 흰쌀밥을 먹을 수 있었다. 잘 살아서 입쌀밥을 먹는 친구가 가져온 분홍 소시지 반찬의 맛은 상상만 할 뿐, 먹어본 적 없는 기억을 아내와 아이들은 지어낸 말이라며 믿지 않는다.

'무찌르자 오랑캐 몇백 만이냐 대한남아 가는데 초개(草芥 : 지푸라기. 하찮은 것)로구나.' 가을 운동회를 앞두고 운동장을 돌며 불렀던 노래는 기가 차다. 초개가 웬 말이며, 오랑캐가 막강한 아홉 살 인생 앞에 보잘 것 없는 존재에 불과하다니 그런 불편한 진실이 '우리는 민족중흥의 역사적 사명을 띠고 이 땅에 태어났다로 시작하여 새 역사를 창조하자.'로 끝나는 국민교육헌장을 줄줄 외워야 하는 의무였던 것처럼 아이도 어른도 복종의 시대였다.

졸업앨범을 뒤져야만 알 수 있는 이름, 학도호국단. 군 장교 출신의 교련 선생님 두 분은 생활지도부 선생님보다도 더 무섭게 규율을 잡았다. 교련복을 입고 나무를 깎아 만든 목총을 두르고 운동장을 정신없이 오가던 제식 훈련, 그리고 '찔러, 찔러, 돌려쳐, 좌베어, 후려쳐' 총검술 16개 동작이 고등학생의 일상인 듯 파노라마처럼 지나간다.

대학생 때에도 교련 과목은 존재했다. 2학년 남자들에겐 필수 이수 과목으로 전방 입소 훈련, 5일 동안 병영 체험인지 진짜 군인인지 헷갈리면서 30개월의 군 생활에 대한 맛보기로 공포를 느껴야 했던 시절이 지금도 생생한데 나의 머리숱은 엉성해졌고, 염색을 하지 않으면 정수리에서 녹아내린 아이스크림처럼 청춘의 덫에 걸려 있다.

오래도록 학급 담임을 하면서 꼭 하고 싶었던 것은 전원 무결석이었다. 초창기 때 달성한 적이 있었기에 염원은 했지만 번번이 실패하였다. 그러나 아이들의 엉뚱 발랄한 모습은 그 아쉬움을 대신하는 즐거움이었다. 아현동 재개발로 학교가 이사 갈 때 더 좋은 환경으로 변한다 하더라도 골목길과 그 추억이 사라지는 것은 두고두고 아쉽기만 하였다.

미국 이야기다. 월요일이 싫어서 초등학교에 총기 난사한 소녀에게 법원은 무기징역을 선고하였고, 50년이 지난 지금까지도 감옥생활을 하면서 소녀에서 할머니가 되었다는 짧은 영상을 본 적이 있다. 중2병과 아내의 갱년기는 삼사 년 지나면 줄어들거나 끝났겠지만, 일주일마다 한 번씩 돌아오는 월요일은 학창 시절 때도 그랬지만 직장 생활을 할수록 점점 심해져 갔다. 어쩌다 하게 되는 치과 치료의 공포가 도무지 적응이 안 되는 것처럼 35년 차 직장 생활 역시 월요병의 공포는 쉽게 고칠 수 없는 중증과도 같았다.

그러나 멀리 떨어져 있지 않은 퇴직이 꿈틀꿈틀 다가오면서 월요병은 소멸 기간이 다가오는 듯하다. 마치 동짓날 짧게 떨어지는 해가 더 이상 안타깝지 않으며, 달과 별을 길게 볼 수 있다는 마음가짐과 변화는 때가 되면 아는 것들이 보이는 인생처럼 다가오고 있기 때문이다.

[4부 두 줄 시]

길을 가다가 화단에 피어 있는 예쁜 꽃이 가슴을 설레게 했다. 허락도 없이 여러 개의 꽃잎 중 한 개를 따다가 꽃시에 넣고 싶었다. 뜨거운 여름날 일부러 찾아가며 그 꽃을 보다가 비틀어져 흔적도 없이 어느 날 사라진 것을 보면서 차라리 아름다운 상태로 말려서 오래도록 볼 수 있다면 더 좋지 않았을까 고민도 더러 있었다.

두 줄 시는 짧은 반면 더 많은 함축이 들어가야 하기에 하고 싶은 말을 다 담아내지 못할 것 같아 넣을지 말지 고민하다가 부족함 그대로를 꺼내놓았다. 요즘 과자 봉지 안 내용물이 많이 빈약하여 눈속임의 상술이 껄끄러웠는데 묵호항에서 산 홍합은 몸통에 비해 너무 큰 집에 살고 있는 것 같아 어이없으면서도 한편으론 부럽기도 했다.

생활지도부장을 할 때 여러 번 흡연하다 적발된 학생들을 스무 명 정도 모아 여름방학 때 걷기 체험을 한 적이 있었다. 대관령 옛길을 서너 시간 걸어 올라가기도 하였고, 자정이 넘어 서울역 노숙자의 공간을 거쳐 남대문 상인들의 바쁜 일상을 들여다보면서 열심히 공부하지 않으면 나처럼 깊은 밤에 일해야 한다는 상인의 말에 아이들의 눈빛이 빛나던 시간이었다.

  삼십여 년을 교사로 살아오면서 국어와 문학 시간을 통해 학생들에게 가장 많이 강조한 것은 우리말에 대한 소중함과 고마움, 그리고 착한 마음이었다. 비속어와 욕설을 하며 아이들은 순수함을 잃어가고 있었다. 듣기 거북한 말을 쓸 때마다 고운 우리말 사용을 강조했다. 내 입에서 비속어나 욕이 나오면 즉시 먹을 것 사준다는 약속은 매년 유효했으며 지출은 거의 없었다. 꽃시에 나오는 낱말도 가급적 고유어를 쓰려고 애쓴 것도 하나의 멋이다.

I부
가족을 담다

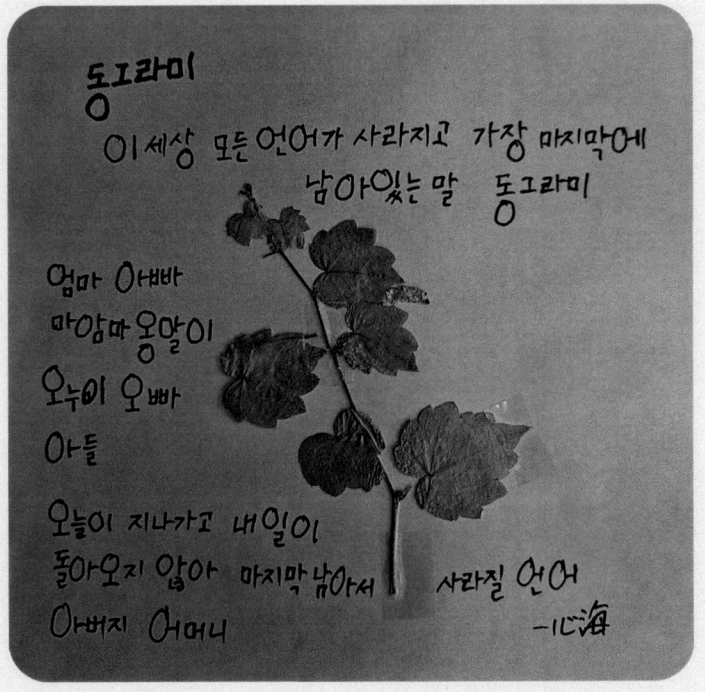

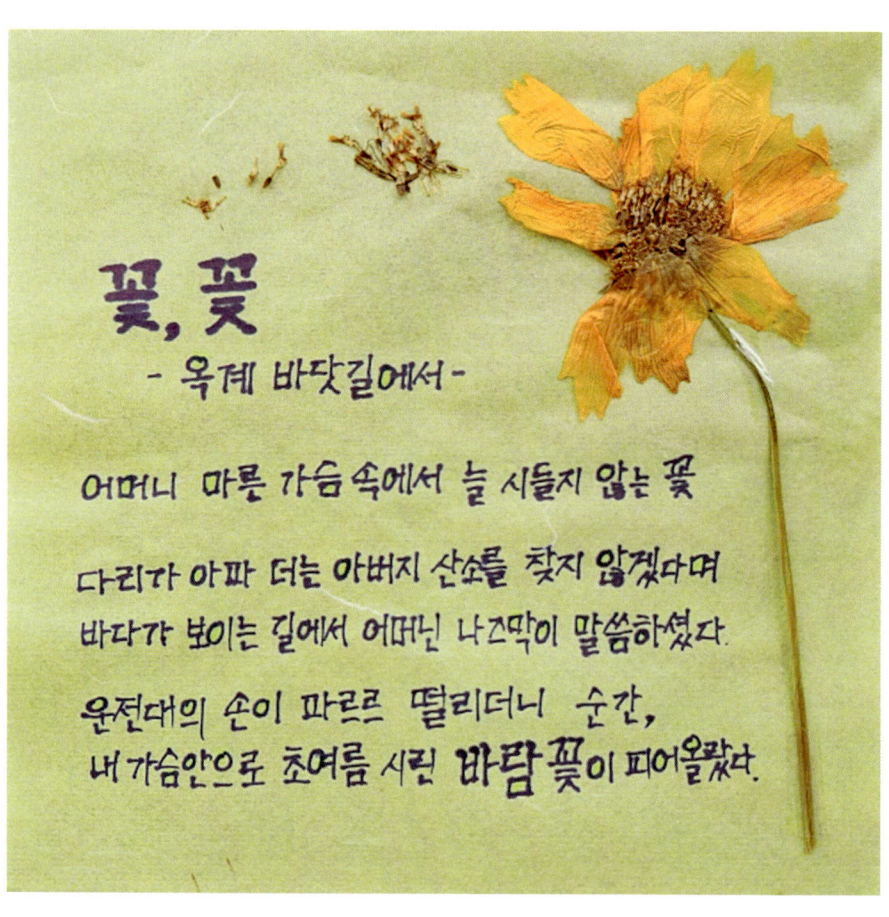

꽃, 꽃
- 옥계 바닷길에서 -

어머니 마른 가슴 속에서 늘 시들지 않는 꽃

다리가 아파 더는 아버지 산소를 찾지 않겠다며
바다가 보이는 길에서 어머닌 나즈막이 말씀하셨다.

운전대의 손이 파르르 떨리더니 순간,
내 가슴안으로 초여름 시린 **바람꽃**이 피어올랐다.

꽃, 꽃
- 옥계 바닷길에서 -

'하늘에 핀 꽃을 별이라 하고
마음속에 핀 꽃을 사랑'이라는 어느 시인의 말을 했더니

어머니는 바다에도 꽃이 핀다고 하였다.
염전의 소금꽃이겠거니 혼자 생각하는데……,

파도 이는 날 물결 위로 파란 **바다꽃**
바람 부는 날 하늘 위로 하얀 **구름꽃**

어디론가 향하는 시선 끝에 맞닿아 있는 그곳
어머니 마른 가슴 속에서 늘 시들지 않는 **꽃**

다리가 아파 더는 아버지 산소를 찾지 않겠다며
바다가 보이는 길에서 어머닌 나지막이 말씀하였다.

운전대의 손이 파르르 떨리더니 순간,
내 가슴안으로 초여름 시린 **바람꽃**이 피어올랐다.

나의 옛날 이야기
- 1974년 여름밤의 추억 -

시멘트 공장에서 곧장 북평 바다로
이십 리 통로길
두툼한 고무벨트에 올라탄 돌가루가
홍수처럼 떠밀려 갔다

밤이 되면 몰래 가라앉던 아버지의 눈물
뒤섞인 땀가루에 말라가는 검정 고무벨트가
여섯 식구의 가난을 밤새 퍼 나르고 있었다

나의 옛날이야기
- 1974년 여름밤의 추억 -

소화도 되기 전에 기웃기웃 배는 꺼지고
오므라든 입술은 운동장에서 자꾸만 허기졌다.
월사금 내라는 선생님의 얼굴이 겉돌고 있었다.

이층학교 지붕 틈을 박쥐가 비집고 나오면
돌팔매질 비껴가며 닿지 않을 걸 알면서도
힘없이 툭 툭 컨베이어 벨트 아래로 떨어졌다.

밤이 되면 마을에 몰래 내려앉던 고운 돌가루
땀방울보다 빠르게 없어지는 눈물로 씻어내며
지붕보다 높은 35톤 트럭은 숨 가쁘게 달렸다.
채석장에서부터 덤프트럭에 실려 온 땀방울
시멘트 공장에서 곧장 북평 바다로 이십 리 통로길
두툼한 고무벨트에 올라탄 돌가루가 홍수처럼 떠밀려갔다.

밤이 되면 몰래 가라앉던 아버지의 눈물
뒤섞인 땀 가루에 말라가는 검정 고무벨트가
여섯 식구의 가난을 밤새 퍼 나르고 있었다.

노을

노을에 번진 얼굴
내 마음 들킨 것 같아
볼 붉어졌다.

번번이 이럴 바엔 고백하는 게 낫겠다
어떤 너의 말도 내 마음 들어오면
용광로라는 걸

물어보지 마라
내 얼굴 붉게 만든 건 노을이 아니라
너란
걸

노을

노을에 번진 얼굴
내 마음 들킨 것 같아
볼 붉어졌다.

번번이 이럴 바엔 차라리 고백하는 게 낫겠다.
어떤 너의 말도 내 마음 들어오면
용광로라는 걸

물어보지 마라
내 얼굴 붉게 물든 건
노을이 아니라
너란
걸

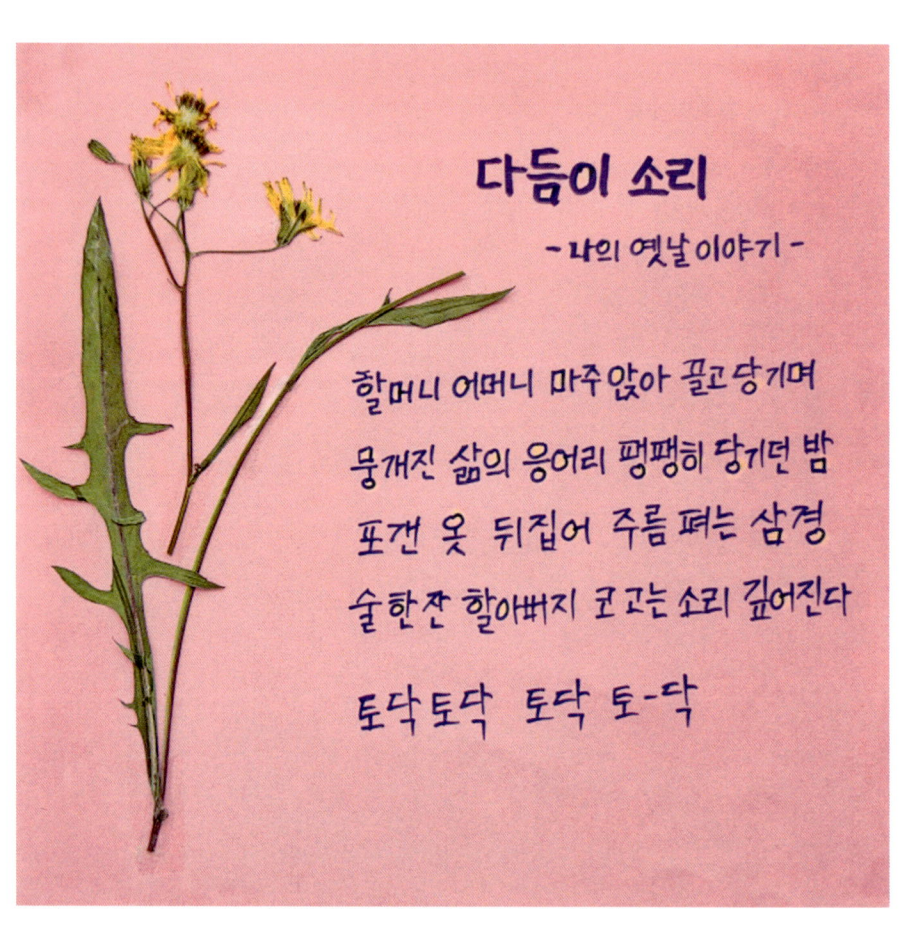

다듬이 소리
- 나의 옛날 이야기 -

할머니 어머니 마주앉아 끌고 당기며
뭉개진 삶의 응어리 팽팽히 당기던 밤
포갠 옷 뒤집어 주름 펴는 삼경
술 한잔 할아버지 코고는 소리 깊어진다

토닥토닥 토닥 토-닥

다듬이 소리
- 나의 옛날이야기 -

토닥토닥 토닥 토-닥
옷감을 들어 올려 하늘에 내던진다.
토닥도닥 토닥 도-닥
치솟는 방망이 위로 다듬이 소리 튀오른다.

할머니 어머니 마주 앉아 끌고 당기며
뭉개진 삶의 응어리 팽팽히 당기던 밤
포갠 옷 뒤집어 주름 펴는 삼경
술 한잔 할아버지 코 고는 소리 깊어진다.

다듬잇돌 묵직이 내려앉던 할머니의 한숨
슬몃슬몃 치마폭 스며들던 어머니의 눈물
도닥도닥 도닥 도-닥 도도 닥
고단한 가슴 두들기다 밤의 여운 길어진다.

사람에 베이고 생활에 지쳐 구겨진 마음
다듬이질로 반듯하게 펴질 수 있을까,
토닥이는 어머니 목소리 듣고 싶은 밤
토닥토닥 토닥 토-닥

동글다 사랑

사랑은 동그라미
어머니 아버지, 아내
오누이로 의지하는 아이들
동그라미로 시작되는 글자에는
사랑스러운 이름이 들어있다

동글다 사랑

사랑은 동그라미
누군가로부터 시작된 사랑이 내게로 오고
내가 받은 사랑 다른 이에게 흘러간다.

사랑은
모르는 누군가로 옮겨지고
둥글게 원을 그리며 사랑은 만들어져간다.

사랑은 동그라미
어머니 아버지, 아내
오누이로 의지하는 아이들
동그라미로 시작되는 글자에는
사랑스러운 사람이 들어 있다.

사랑은 가장 소중한 이름이다.
가장 소중한 이름은
사랑이다.

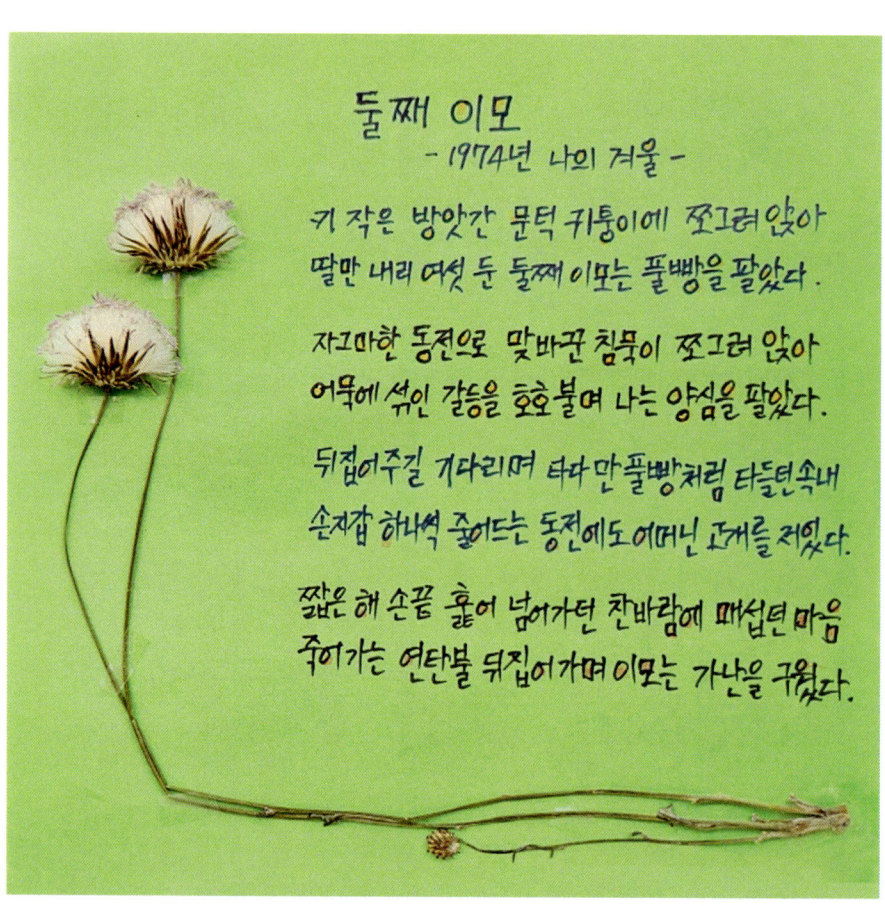

둘째 이모
- 1974년 나의 겨울 -

키 작은 방앗간 문턱 귀퉁이에 쪼그려 앉아
딸만 내리 여섯 둔 둘째 이모는 풀빵을 팔았다.

자그마한 동전으로 맞바꾼 침묵이 쪼그려 앉아
어묵에 섞인 갈등을 호호불며 나는 양심을 팔았다.

뒤집어주질 기다리며 타다 만 풀빵처럼 타들던 속내
손저감 하나씩 줄어드는 동전에도 어머닌 고개를 저었다.

짧은 해 손끝 훑어 넘어가던 찬바람에 매섭던 마음
죽어가는 연탄불 뒤집어가며 이모는 가난을 구웠다.

둘째 이모
- 1974년 나의 겨울 -

밤이 되면 시멘트 공장 몰래 뱉어내는 고운 돌가루
달빛에 실려 땅바닥 털썩 주저앉던 삼-화-시-장
키 작은 방앗간 문턱 귀퉁이에 쪼그려 앉아
딸만 내리 여섯 둔 둘째 이모는 풀빵을 팔았다.

손때 침때 묻어 책장 넘어가는 만화가게 안
마법의 향수로 꼬맹이를 꾀어내던 어묵 짙은 내음
자그마한 동전으로 맞바꾼 침묵이 쪼그려 앉아
어묵에 섞인 갈등을 호호 불며 나는 양심을 팔았다.

회초리보다 따가운 국물에 녹아내린 누런 거짓말
손에 들고 나오다 이모 눈과 맞닥뜨린 대꼬챙이
뒤집어주길 기다리며 타다 만 풀빵처럼 타들던 속내
손지갑 하나씩 줄어드는 동전에도 어머닌 고개를 저었다.

팥앙금 욱여넣어 꾸역꾸역 붕어빵 채우던 추운 연탄불
박박 긁고 떼어도 여전히 허기 남아 있던 무쇠 틀 빈속
짧은 해 손끝 훑어 넘어가던 찬바람에 매섭던 마음
죽어가는 연탄불 뒤집어가며 이모는 가난을 구웠다.

등대 가는 길

작은 물고기일수록
자기만의 궁전이 필요한 곳

돌담길의 애환을 물어다 주던 갈매기는
배고픈 날에도 등대를 떠나지 않았다

산비탈에 들어 빈자리가 서럽다고
눈물 흘리면서 기다림을 배웠다

기차 소리에 놀린 아이의 눈물이
뚝 뚝
비탈길에 박제되어 있는 곳

등대 가는 길
- 묵호 가는 길 -

작은 물고기일수록
자기만의 궁전이 필요한 곳

약하고 어릴수록 가까이 모여 사는 법을
등불의 길이로 알던 곳

돌담길의 애환을 물어다 주던 갈매기는
배고픈 날에도 등대를 떠나지 않았다.

산비탈에 들어 빈자리가 서럽다고
눈물 흘리면서 기다림을 배웠다.

기차 소리에 눌린 아이의 눈물이
뚝뚝
비탈길에 박제되어 있는 곳

등 - 대 - 가 - 는 - 길

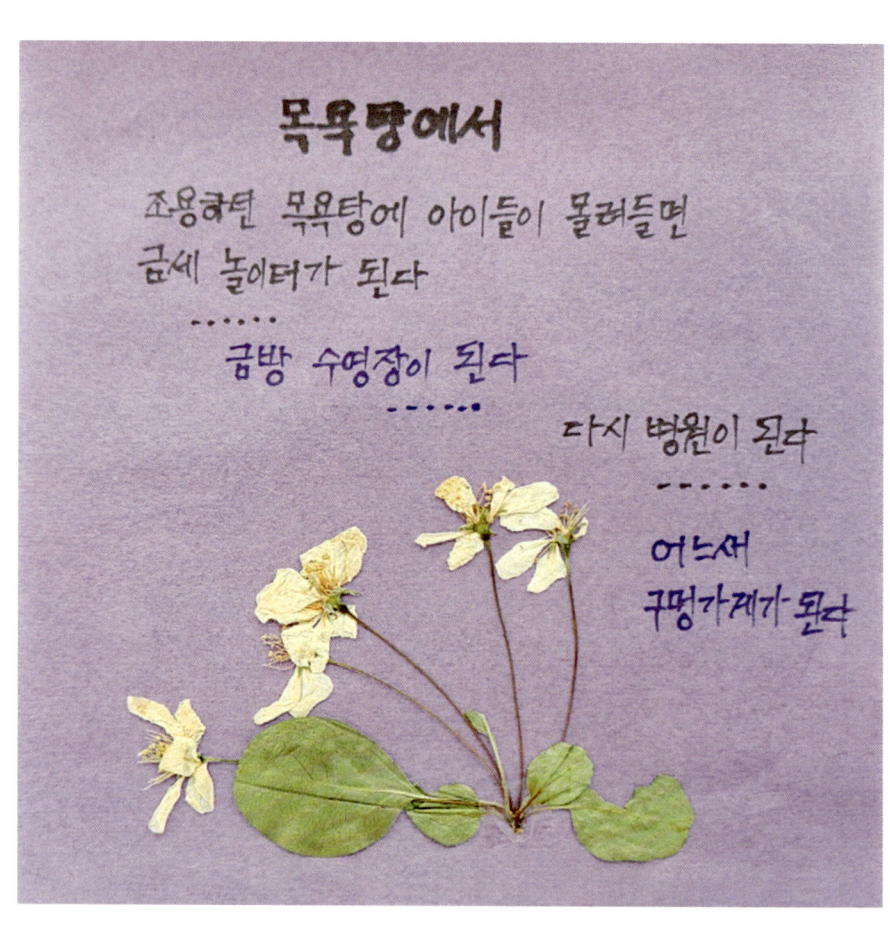

목욕탕에서

조용하던 목욕탕에 아이들이 몰려들면
금세 놀이터가 된다
......
금방 수영장이 된다
......
다시 병원이 된다
......
어느새 구멍가게가 된다

목욕탕에서

조용하던 목욕탕에 아이들이 몰려들면
금세 놀이터가 된다.
이리 뛰고 저리 넘고 물 뿌리고 넘어져도
잠시 그칠 새 없다.

잔잔하던 목욕탕에 아이들이 뛰어들면
금방 수영장이 된다.
치솟는 물기둥 따라 헤엄치고 잠수하며
끊임없는 파도를 만들어낸다.

탕 안에 드는 게 주사라도 맞는 양
고래고래 소리 질러 울고불고 엄살떨다가
굵은 팔목에 잡혀 때 미는 손길에
다시 병원이 된다.

목욕을 마치고 물기 머금은 몸
쪼르르 냉장고로 달려들어
보았노라 음료수 치켜들면
목욕탕은 어느새 구멍가게가 된다.

묵호등대

걷다 보면 지난날이 생각나는 길
소식이 끊긴 친구가 생각이 나고
잊었던 사진 속 얼굴이 떠오르고
울고웃던 추억 기억샘터로 모이는곳

애꿎게 내마음을 들켜버린 곳
그리워서 가는 길

묵호 등대

걷다 보면 지난날이 생각나는 길
소식이 끊긴 친구가 생각이 나고
잊었던 사진 속 얼굴이 떠오르고
울고 웃던 추억 기억 샘터로 모이는 곳

걷다 보면 그대가 생각나는 길
비좁은 오르막길 혼자 걸을 때
차오르는 들숨마다 불어오는 바람이
두 볼 가득 입맞춤의 숨결로 채워지는 곳

걷다 보면 어머니 생각나는 길
멀리 바다만 바라보는 묵호 등대처럼
눈물 샘터 넘쳐 깊어지던 어머니의 주름
닿을 수 없는 마음의 깊이를 들여다보는 곳

애꿎게 내 마음을 들켜버린 곳
그리워서 가는 길

별들의 고향

땅 뿌리 내딛고 올라선 꽃눈 잎눈
벚꽃 목련꽃 머리 위로 피고 지고
꽃별이 나비 되어 땅으로 내려왔다.

달빛 받아 내려온 할머니 할아버지
어머니 아버지 이 땅에 살고 지고
별빛이 나래 되어 하늘로 올라갔다.

꽃은 흙이 되고 어버이 별이 되어
땅에서 올라와 흙으로 돌아가고
별에서 내려와 하늘로 돌아간다.

때가 되면 뿌리로 찾아가는 꽃별의 고향
그리운 사람들 하늘로 돌아가는 별들의 고향
언젠간 내가
돌아가야 할 영원한 나의 별

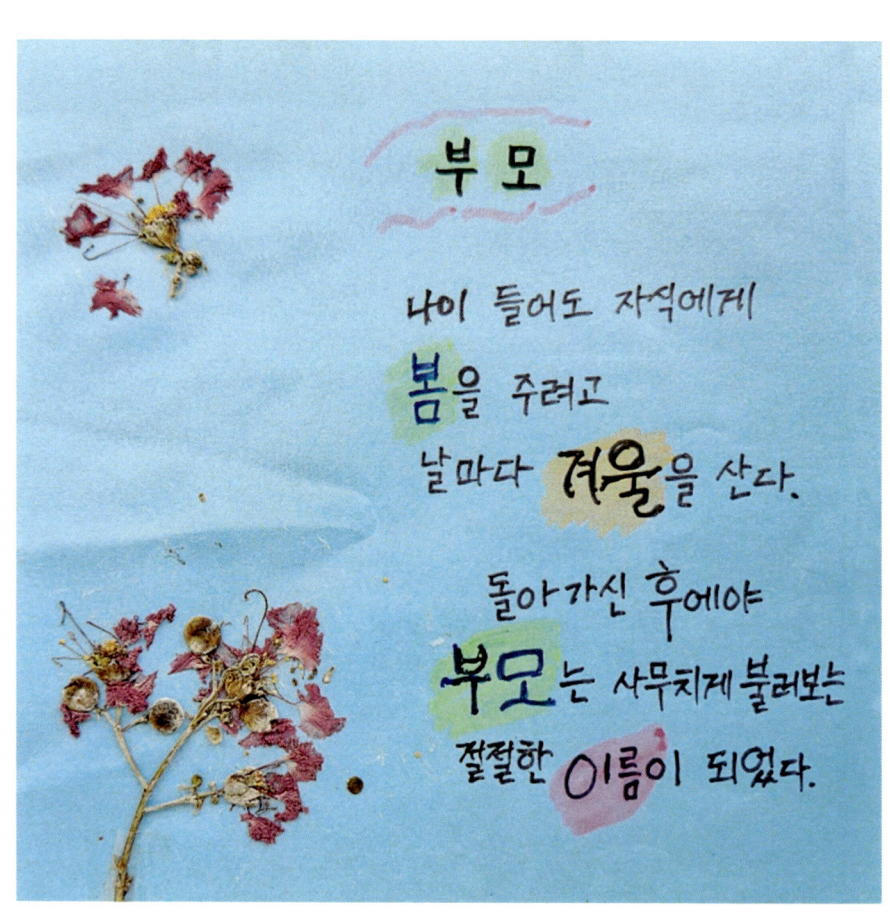

부모

나이 들어도 자식에게
봄을 주려고
날마다 겨울을 산다.

돌아가신 후에야
부모는 사무치게 불러보는
절절한 이름이 되었다.

부모

어릴 적 부모는 자식에게
온 세상을 사랑하겠다는
무한의 약속이다.

커가는 자식에게
모든 삶을 지켜주겠다는
처절한 헌신이다.

나이 들어도 자식에게
봄을 주려고
날마다 겨울을 산다.

돌아가신 후에야 부모는
사무치게 불러보는
절절한 이름이 되었다.

사 랑 줄

사랑과 기다림
유예기간은 없다
앞에 애초부터
바람 서걱이는
날이면 그대가
보고 싶어졌다
기다리지 않아도
기다려졌다

[꽃시집] 꽃 피는 시험

사랑 줄

바람도 비도 가는 곳을 말하지 않았다.

연줄 마냥 풀렸다 감겼다 팽팽히 당겨지는 삶
'내 삶에 가정법은 없다.'
살며 되새김질한다.

사랑과 기다림 앞에 애초부터 유예기간은 없다.

바람 서걱이는 날이면 그대가 보고 싶어졌다.
기다리지 않아도 기다려졌다.

겨울바람에 깨끗이 말려 둔
사랑과 그리움을
그대 마음 안에 걸어둔다.

툭- 툭
툭- 툭

생일 선물

결혼 후 첫 생일
선물도 장미도,
케이크도 음식도 없었다.

떨어진 눈물만큼 별빛도
흔들렸다.

얼어붙은 입술로 끝내 말할 수 없었다.
가장 좋은 생일 선물은
사랑하는 사람이 바로 곁에 있다는 걸……,

생일 선물
- 용인 버스터미널 -

들꽃이 고운 가을에 태어난 아내에게
나뭇잎에 詩를 적어 보내던 생일
몇 해가 지났다.

결혼 후 첫 생일
선물도 장미도,
케이크도 詩도 미처 없었다.

시외버스도 서두른 퇴근길
풀이 죽은 주머니엔 헌 지폐 하나 없었다.
아내는 끝내 서운함을 감추지 못했다.

상강의 서리가 제법 매서워지고
한로 이슬에 찬바람은 단단해져
떨어진 눈물만큼 별빛도 흔들렸다.

얼어붙은 입술로 끝내 말할 수 없었다.
가장 좋은 생일 선물은
사랑하는 사람이 바로 곁에 있다는 걸······,

神은 나에게 많은 걸 주지 않았다

오랜 시간부터 꿈꿔온 건
널 만나기 위한 것

다른 사람들을 사랑하지 않아도
오직 너 하나만을
사랑하도록 허락하였다

나에게 부여된 단 하나의 능력
널 만나고
사랑하는 것

神은 나에게 많은 걸 주지 않았다

사춘기 열병 속에서도
이미 기다림의 준비를 끝내고
오랜 시간부터 꿈꿔온 건
널 만나기 위한 것
언젠간 만날 거란 믿음이었지

바람처럼 왔다가
구름처럼 머물러도
때론 소낙비로 다시 찾아온대도

눈동자 속에 그대가 늘 머물도록
神은 나에게 많은 걸 주지 않았다.
다른 사람들을 사랑하지 않아도
오직 너 하나만을 사랑하도록 허락하였다.

나에게 부여된 단 하나의 능력
널 만나고 사랑하는 것

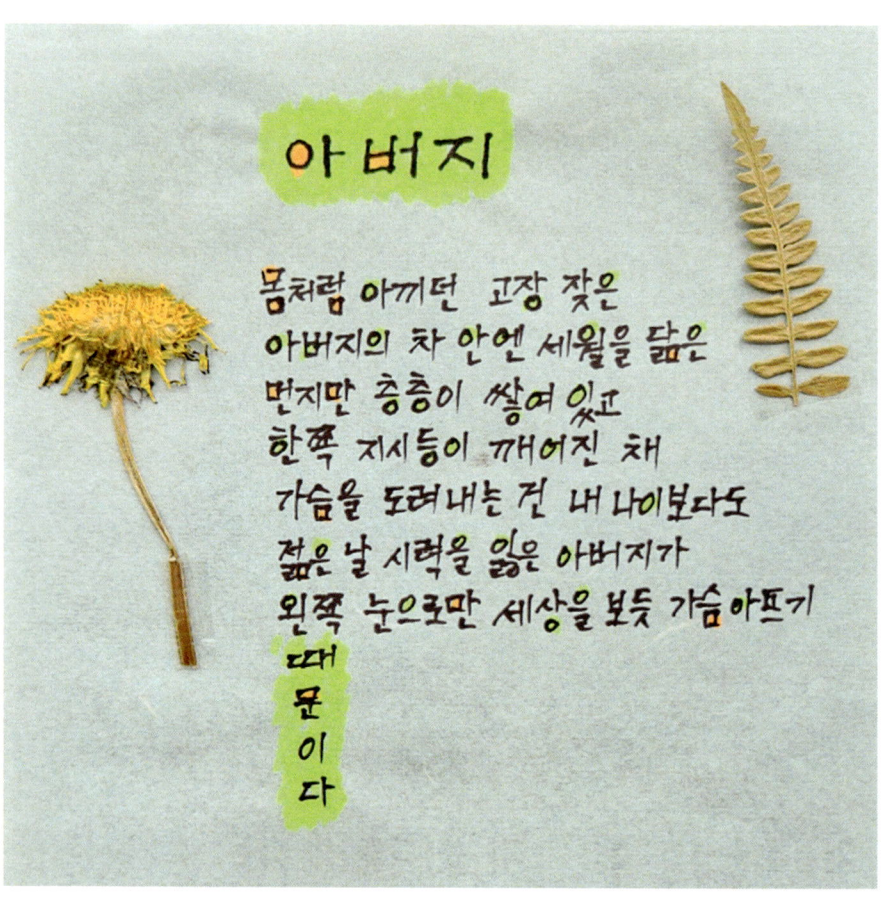

아버지

몸처럼 아끼던 고장 잦은
아버지의 차 안엔 세월을 닮은
먼지만 층층이 쌓여 있고
한쪽 지시등이 깨어진 채
가슴을 도려내는 건 내 나이보다도
젊은 날 시력을 잃은 아버지가
왼쪽 눈으로만 세상을 보듯 가슴 아프게
때문이다

아버지

지붕보다 높은 운전석 80톤 트럭 돌을 채워
강산이 세 번 바뀌도록 달렸으니
산 하나쯤은 옮겨 놓았던 아버지.

자식 넷 대학에 결혼까지 마치도록
야근에 특근까지 마다않고
질긴 졸음도 이겨내던 아버지.

돈 많다 자랑하는 조카 결혼식
분위기 맞춘다고 기운을 쏟는데
차마 듣지 못해 샛길 걷는다.

나뭇가지도 지쳐가는 10월 상강(霜降)
촌로(村老)의 핏줄 같은 감나무 이파리가
아버지의 노랫가락 아래로 맥없이 떨어진다.

몸처럼 아끼던 고장 잦은 아버지의 차 안엔
세월을 닮은 먼지만 층층이 쌓여 있고
한쪽 지시등이 깨어진 채 가슴을 도려내는 건

내 나이보다도 젊은 날
시력을 잃은 아버지가
왼쪽 눈으로만
세상을 보듯

가슴
아프기
때
문
이
다.

아버지의 단잠

코르릉 코르릉
한 대접 술에 곯아떨어진
아버지
단전을 훑고 올라오는
긴 호흡

코를 골고 나면
다시 일터로 나가야 하는
숨가쁜 호흡
고단타 코단타

아버지의 단잠

코르릉 코르릉
한 대접 술에 곯아떨어진 아버지
단전을 훑고 올라오는
긴 호흡

코를 골고 나면
다시 일터로 나가야 하는
숨 가쁜 호흡
고단타 코 단타

아버지의 술

한 달 빚 다 갚고 나면 사흘
다시 외상으로 살아야 하는 월급

연신 술잔에 떨어지는 아버지의 하품
무 쪼가리에 25도 매운 소주 사발로 마시면
아침 퇴근하고 야근이라
곯아떨어질 단잠
조무래기들의 골목길 함성 차단은
내 몫이었다

아버지의 술

한 달 빚 다 갚고 나면 사흘
다시 외상으로 살아야 하는 월급
날밤 새워 운전하는 아버지의 선택은
콩나물 대신 대병 소주 한 궤짝

여섯 병이면 꽉 차는 나무 궤짝은
구멍 뚫린 난닝구처럼 주먹이 들락거렸다.
하룻밤에도 비워지는 대병 빈속처럼
여섯 식구의 아침상 차림은 다르지 않았다.

연신 술잔에 떨어지는 아버지의 하품
무 쪼가리에 25도 매운 소주 사발로 마시면
아침 퇴근하고 야근이라 곯아떨어질 단잠
조무래기들의 골목길 함성 차단은 내 몫이었다.

어머니

나 태어나기 전 어머닌
하얀 목련꽃으로 피어 있었다
새댁으로 불리던 어느 날에도
어머닌 연분홍 봉선화 꽃이었다

내 나이 열곱 살 적 어머닌
들꽃이었다 ············
수채화꽃, 민들레꽃, 할미꽃

숨이 차 걷지 못하고 굽어가는 등 너머로
한세월의 꽃이 하루가 다르게 지고있었다

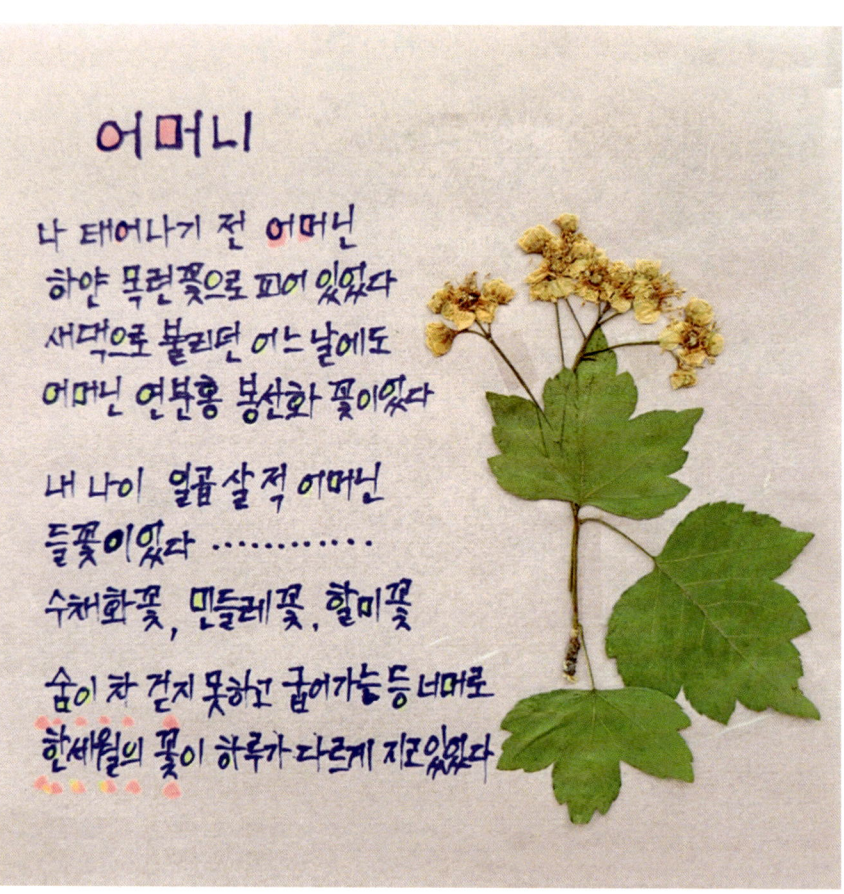

어머니

나 태어나기 전 어머닌
  하얀 목련꽃으로 피어 있었다.
  새댁으로 불리던 어느 날에도
  어머닌 연분홍 봉선화 꽃이었다.

내 나이 일곱 살 적 어머닌 들꽃이었다.
  뙤약볕에 잠든 동생 깨어 보채도
  품삯일 손길 한번 주지 못했다.

열일곱 어느 날 따라간 산자락
  수건 하나로 땡볕을 머리에 이고
  돌산 무더기 호미로 밭 일구다가
  길어진 해 꼬리 등에 지고 집 올 때
  꽃이 되고 싶었던 어머니의 꿈이
  내 가슴에 힘없는 불길로 번져왔다.

스물일곱 성장한 나날
  백묵에 말쑥한 넥타이로 자리매김하여도
  마음 한구석 자식 걱정 덜어내지 못해
  모퉁이 쳐다보며 빈방만 채우고 있다.

  객지 자식 기다리다 잠 못 들고
  정갈한 머릿결 고쳐 아니 매던 어머닌
  담벼락 수채화 꽃 그대로였다.

서른일곱 뿌리 내린 가장(家長) 되어
  이제 갈까 저제 갈까 찾아가지 못한 때에
  어느새 할머니가 되어버린 어머닌
  그렇게 평생을 살아온 민들레꽃이 되었다.

마흔일곱 불꽃으로 살아가며
  세 아이 자식 농사라 못 간대도
  손주가 우선이라 웃음 보내던 어머닌
  남편 멀리 보내고 무덤가 서성이는 할미꽃이 되었다.

내 나이 쉰일곱
　숨어 피는 가슴꽃이 마침내 절절히 피었다.
　어머니의 긴 꿈마저 바람 소리에 애처롭고
　숨이 차 걷지 못하고 굽어가는 등 너머로
　한세월의 꽃이 하루가 다르게 지고 있었다.

　달무리 지듯 바람결에 흔들리는 기억 보듬으면
　억새풀 한아름으로 어머니 애타게 되짚고 온다.

어머니 말씀

남자는 소와 매한가지야
잘 먹어야지
소 같아서 주지 않으면
가만히 있지

불쑥 턱밑으로 들이민
참외 두 개
과도에 깎여
다듬어진 알맹이처럼
배곯던 어린 날의
보상만 담겼다

어머니 말씀

식은 밥 내어줄 수 없다고
가스 불조절 해가며 안친 따순 밥
비워지면 채워주는 공깃밥
남은 밥 소처럼 먹던 저녁

오늘 저녁은 거지처럼 먹어도 아침은 왕처럼 먹어야 한다며
한 주걱에 숭늉까지 더 보태
어머니와 둘이 먹는 배부른 식사

벌초 마치고 잠시 누운 고단한 오후
남은 밥 냉장고에 넣고 다시 밥을 지어
너 가면 식은 밥 혼자 먹기 싫다며 한 숟갈만
더, 더 하다가 또 한 그릇

남자는 소와 매한가지야, 잘 먹어야지
소 같아서 주지 않으면 가만히 있지
불쑥 턱밑으로 들이민 참외 두 개
과도에 깎여 다듬어진 알맹이처럼
배곯던 어린 날의 보상만 담겼다.

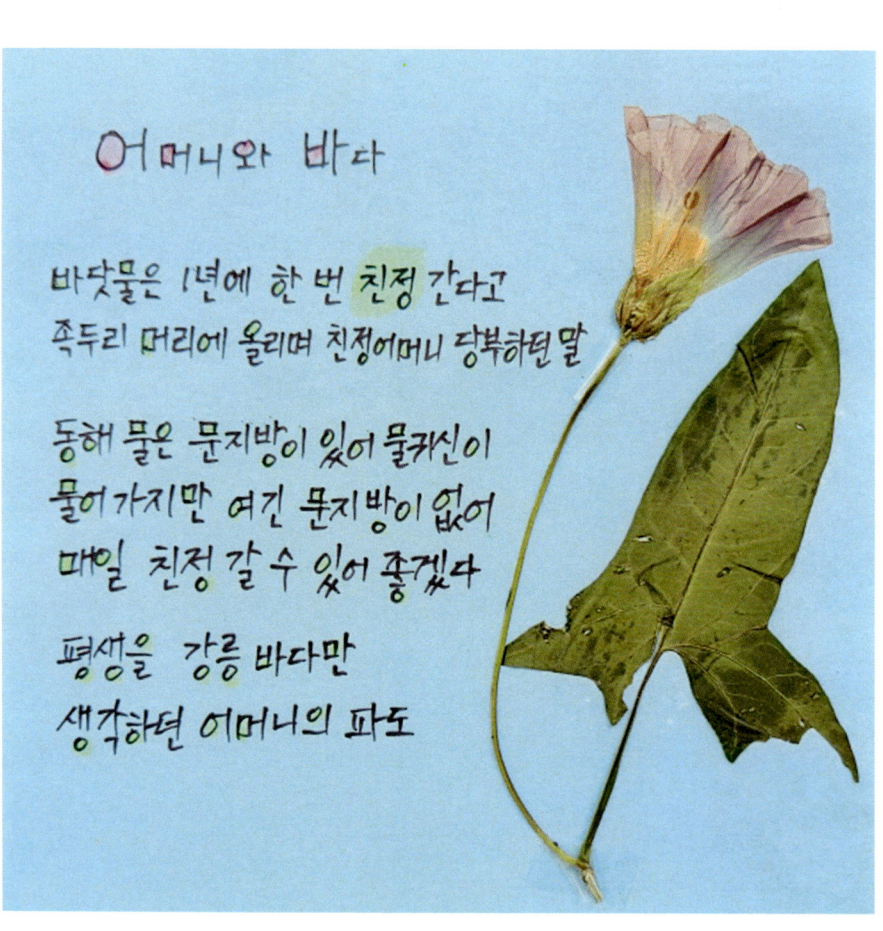

어머니와 바다

바닷물은 1년에 한 번 친정 간다고
족두리 머리에 올리며 친정어머니 당부하던 말

동해 물은 문지방이 있어 물귀신이
물어가지만 여긴 문지방이 없어
매일 친정 갈 수 있어 좋겠다

평생을 강릉 바다만
생각하던 어머니의 파도

어머니와 바다

이월 초하루, 바닷물은 1년에 한 번 친정 간다고
족두리 머리에 올리며 친정어머니 당부하던 말
평생을 강릉 바다만 생각하던 어머니의 파도

바닷물이 뒤로 훌쩍 밀려 나간다는 말에
아침에 걷던 바다 점심 때 보고 싶어 나갔다.
꼭 거짓말 같네, 안 본 사람은 누가 믿겠나.

동해 물은 문지방이 있어 물귀신이 물어가지만
귀신이 팔다리를 물지 않아 무섭지는 않겠구나.
여긴 문지방이 없어 매일 친정 갈 수 있어 좋겠다.

아버지는 돌아가시고 손자들은 커가고
밀려오고 밀려가는 대천 바다의 흰 물결
가면 오고, 오면 가는 서해 물살이 세상살이구나.

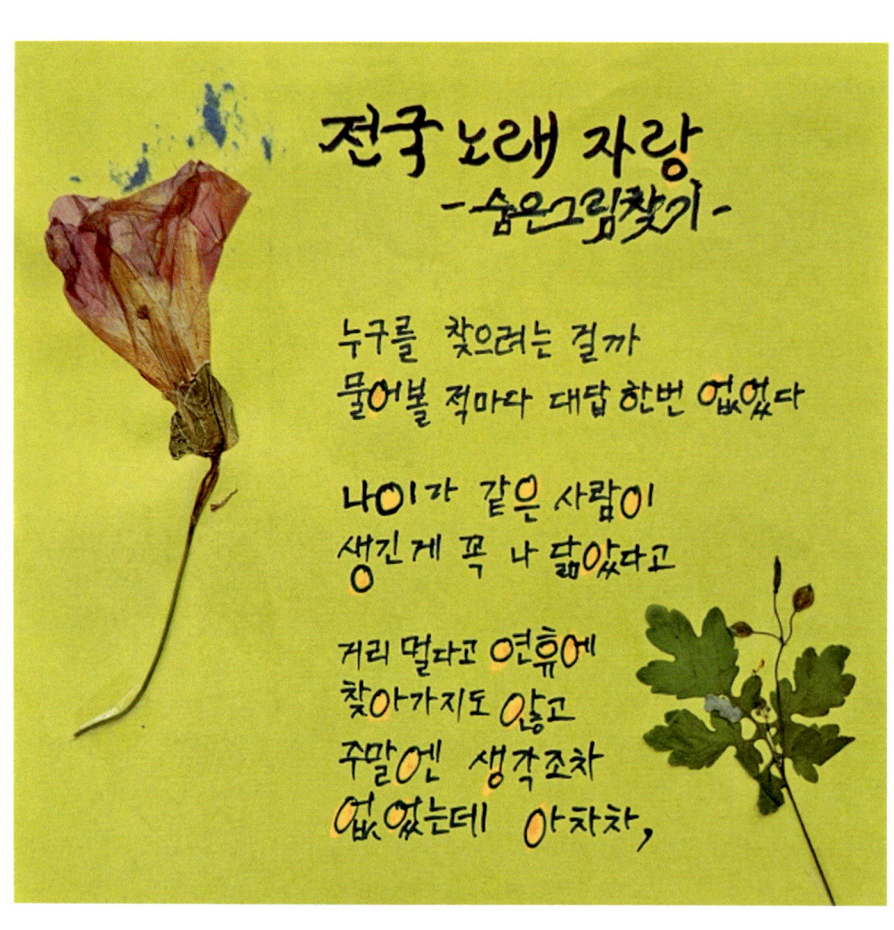

전국 노래자랑
- 숨은그림찾기 -

일요일 정오가 되면 화투짝 한쪽에 밀쳐 내고
어김없이 텔레비전 앞에 앉는다.
전-국-노-래-자-랑-

한 명 한 명 화면에 있어도 난 없다.
참가는커녕 여태 구경조차 가지 않았다.
누구를 찾으려는 걸까
물어볼 적마다 대답 한번 없었다.

아내는 성당을 찾고 딸은 풍경을
친구 만나러 아들도 나가고, 나는 소주병이나 만지작거리는데
나이가 같은 사람이 노랠 부른다고
생긴 게 꼭 나 닮았다고 전화를 건다.

거리 멀다고 연휴에 찾아가지도 않고
주말엔 생각조차 없었는데 어머니는
아차차, 어머니는
날 생각하느라 지켜보고 있었구나.

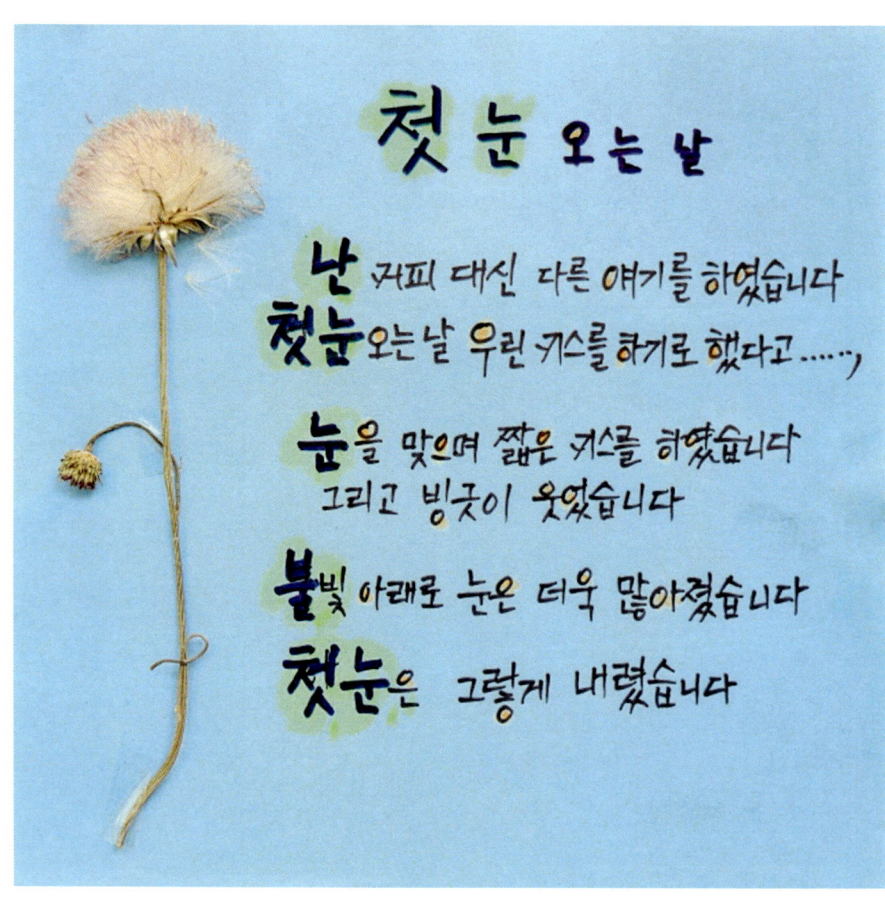

첫눈 오는 날

난 커피 대신 다른 얘기를 하였습니다
첫눈 오는 날 우린 키스를 하기로 했다고······,

눈을 맞으며 짧은 키스를 하였습니다
그리고 빙긋이 웃었습니다

불빛 아래로 눈은 더욱 많아졌습니다
첫눈은 그렇게 내렸습니다

첫눈 오는 날

첫눈 오는 날
우리는 거리로 나가 커피를 먹자고 약속했습니다.

낙엽이 하나 둘 떨어질 때면
내리는 눈송이를 생각했습니다.

눈 올 것만 같은 일요일 무작정 거리로 나갔습니다.
팔짱을 끼며 사람들 틈에 묻혀
세상 구경나온 아이처럼 마냥 즐거웠습니다.

과자 굽는 맘씨 좋게 생긴 아저씨께
제일 크게 만들어 달라고 떼를 써
키보다 큰 지팡이 모양 과자를 뜯으며
하늘을 보았습니다.

눈이 내려오고 있었습니다.
고개를 들면 입술로 와 닿는 촉촉한 느낌
불빛 아래로 눈이 내렸습니다.

설레는 마음 감출 수 없어
바보 같은 미소만 띠었습니다.

오래전에 약속한 커피가 생각났습니다.
자판기 속에 커피를 빼 들고
오돌오돌 떨면서 눈을 맞고 싶었습니다.

언젠가 갔었던 도드람산이 생각났습니다.
아무도 없는 텅 빈 주차장에서
난 커피 대신 다른 얘기를 하였습니다.
첫눈 오는 날 우린 키스를 하기로 했다고…….,

눈을 맞으며 짧은 키스를 하였습니다.
그리고 빙긋이 웃었습니다.

불빛 아래로 눈은 더욱 많아졌습니다.
첫눈은 그렇게 내렸습니다.

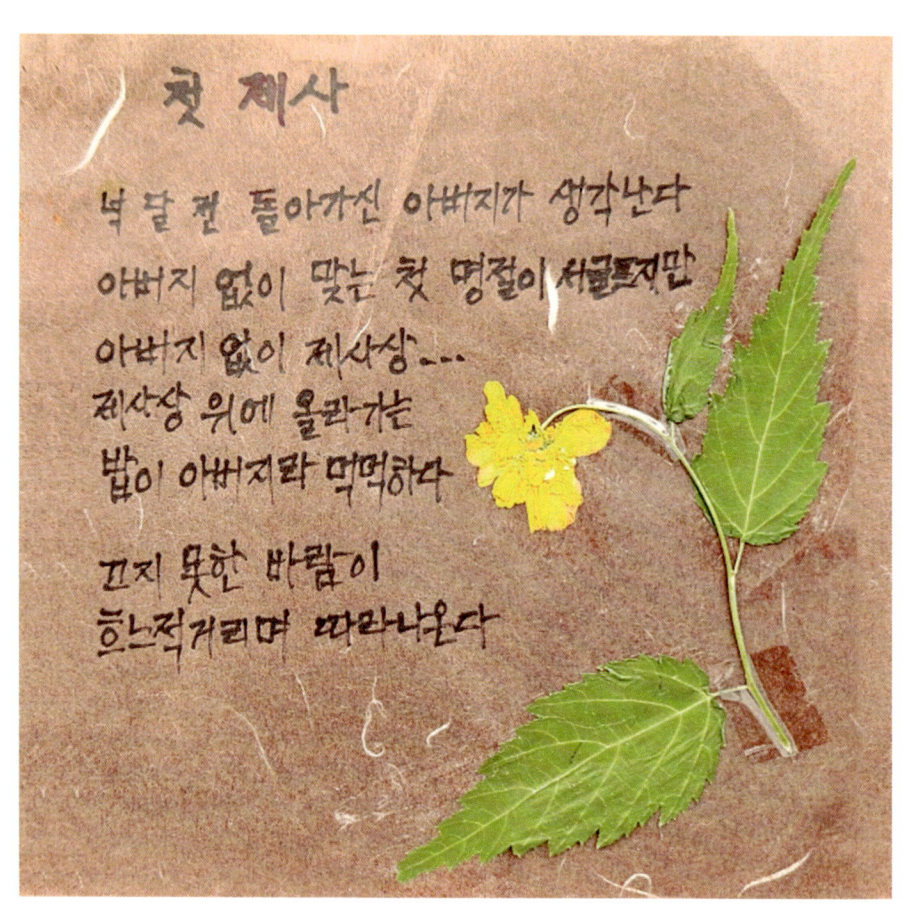

첫 제사

육 달 전 돌아가신 아버지가 생각난다
아버지 없이 맞는 첫 명절이 서글프지만
아버지 없이 제사상…
제사상 위에 올라가는
밥이 아버지라 먹먹하다

끌지 못한 바람이
흐느적거리며 따라나온다

첫 제사

동해는 사나흘 비 내린다고
땅이 질펀하니 선산에 가지 말자며
안부 전화를 어머니는 서둘러 끊었다.

9월 초엿새, 동쪽에서 떠밀려온 바람
남산 타워 하늘이 바다 물결로 넘실거린다.
책상 위 원고지도 부르르 떨고 있다.

춥다며 창문을 닫고도 선풍기는 돌아간다.
달력 빨간 날짜가 다가온 추석을 알리는데
넉 달 전 돌아가신 아버지가 생각난다.

아버지 없이 맞는 첫 명절이 서글프지만,
아버지 없이 제사상 차리는 것이 서럽지만,
제사상 위에 올라가는 밥이 아버지라 먹먹하다.

물기가 묻은 분필로 제목을 쓰고 복도로 나가자
끄지 못한 바람이 흐느적거리며 따라 나온다.
'아버지' 단어가 홀로 칠판을 적시고 있었다.

태권 소녀

노란 띠 도복의 다섯 살 딸아이
땀방울 하나 달고 방문을 연다.

"태권- 효도하겠습니다"
이마에 철썩 손목이 달라붙는다.

새침을 떼는 걸 어디서 배웠는지
치근덕거리는 아빠는 본체만체다.

은근슬쩍 볼 비벼 따가운 나는
다섯 번째 손가락에도 못 꼽힌다.

엄마만 사랑해 조잘대던 식사
나이 숫자만큼도 먹지 못한 채 잠투정이다.

선풍기 바람에 묻어오는 혜리의 꿈
엄마 품에서 노란 개나리가 피어난다.

행복

소곤소곤 속속 속
허리로 옆구리로 기습공격이다
파고드는 손가락 물결

졸음보다 센 공격에 참을 수 없지
포롱 포롱 포로롱
행복을 외치고 말았다

행복

엄마 품 같은 일요일 아침
눈 감아도 파고든다.
산새 같은 재잘거림

아내 곁으로 다가가 머리를 맡긴다.
하나둘 뽑히고 스르륵 눈이 감긴다.
삐죽삐죽 새치의 숨바꼭질

TV 앞 쪼르르 둘러앉아
화면을 덮고도 남는다.
세 녀석의 뒤통수

소곤소곤 속속 속
허리로 옆구리로 기습공격이다.
파고드는 손가락 물결

졸음보다 센 공격에 참을 수 없지
포롱 포롱 포로롱
행복을 외치고 말았다.

II부

꽃을 담다

가을 눈(雪)

구름 없이 푸른 날
손 흔들어 파르르 작별하는
붉은 눈

비단 치마폭 감기듯 사르르 내려오는
갈색 눈

바람없이 맑은 날
땅에 떨어진 눈
가을 눈이 내린다
무지개 눈이 내린다

가을 눈(雪)

산길 숲길 걷는데
둘둘 햇볕에 말려 포르르 떨어지는
황금 눈

구름 없이 푸른 날
손 흔들어 파르르 작별하는
붉은 눈

티 없는 하늘 아래로
비단 치마폭 감기듯 사르르 내려오는
갈색 눈

바람 없이 맑은 날
땅에 떨어진 눈
가을 눈이 내린다.

무지개 눈이 내린다.

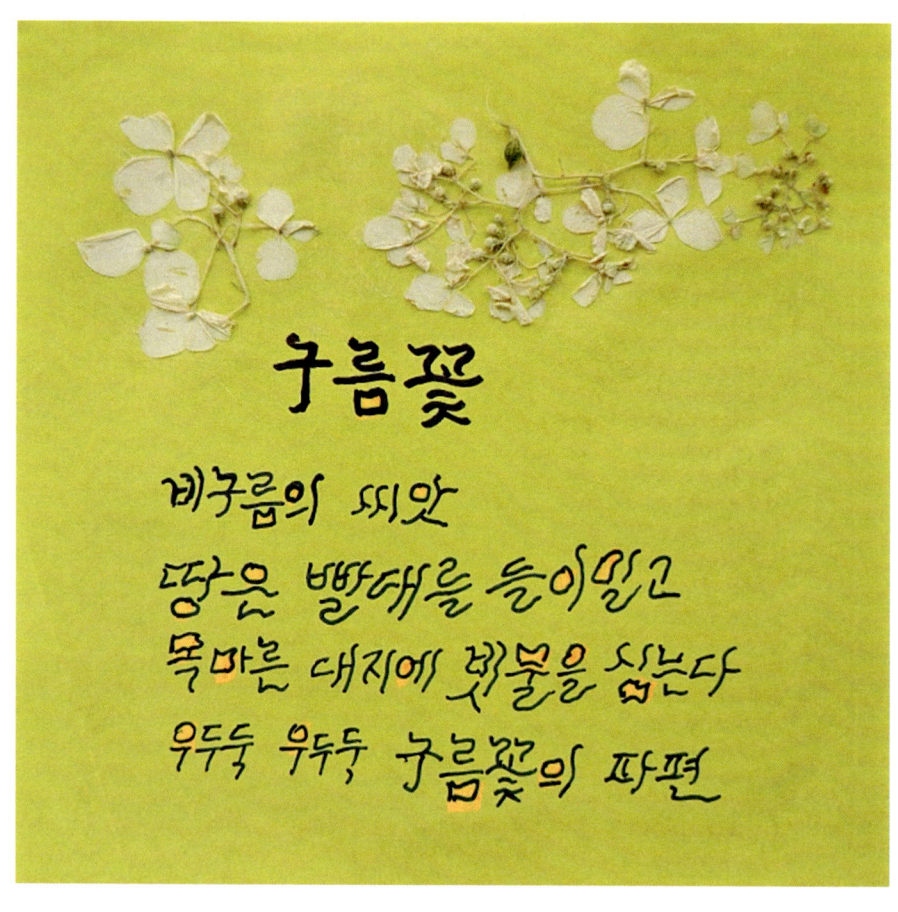

구름꽃

턱 턱
겹겹의 구름문이 열린다.

우두둑 우두둑
구름꽃의 파편이 떨어진다.

비구름의 씨앗
비쩍 마른 흙 속을 파고든다.

땅은 빨대를 들이밀고
목마른 대지에 빗물을 심는다.

목을 축이고 입을 씻는다.
구름꽃이 피어 번진다.

빗방울을 삼킨다.
해갈이다.

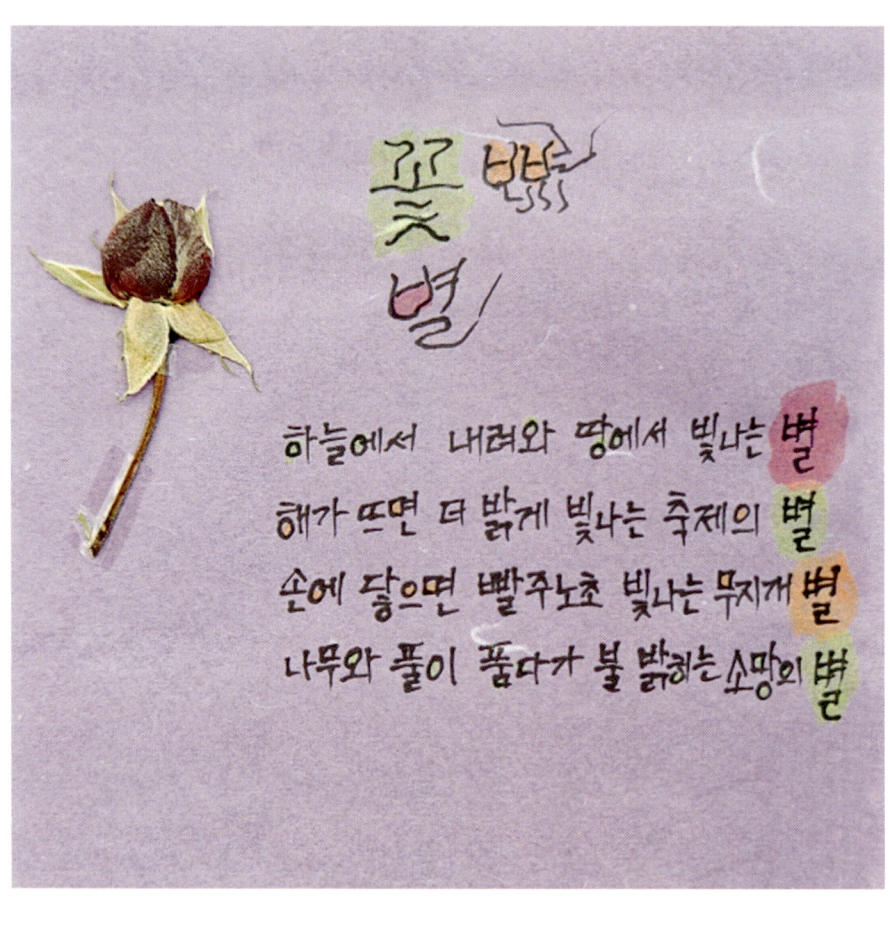

꽃별

하늘에서 내려와 땅에서 빛나는 별
해가 뜨면 더 밝게 빛나는 축제의 별
손에 닿으면 빨주노초 빛나는 무지개 별
나무와 풀이 품다가 불 밝히는 소망의 별

꽃별

하늘에서 내려와 땅에서 빛나는 별

해가 뜨면 더 밝게 빛나는 축제의 별

손에 닿으면 빨주노초 빛나는 무지개 별

나무와 풀이 품다가 불 밝히는 소망의 별

꽃이 피어난 날

꽃송이 몰려들어
봄 소풍을 열었다

꽃잎의 신나는 잔칫날
은근슬쩍 한자리

나도 끼어들어
덩달아 반갑다

꽃이 피어난 날

꽃송이 몰려들어
봄 소풍을 열었다.

꽃잎의 신나는 잔칫날
은근슬쩍 한자리

나도 끼어들어
덩달아 반갑다

꽃 편지

너에게 고백하는 얼굴

파르르한 마음

바람결에 딸려 보낸다.

흔들리는 마음 그대로
꽃은 편지가 된다.

나의 봄

나의 봄은
너로부터 시작되었다

맑게 번져가는 얼굴
너를 보는 것이 나의 봄이다

너의 숨결과 나의 미소가
힘을 모아 이파리를 열었다

열일곱 열여덟
열아홉 청춘의 눈부심이다

나의 봄

나의 봄은
너로부터 시작되었다.

맑게 번져가는 얼굴
너를 보는 것이 나의 봄이다.

너의 숨결과 나의 미소가
힘을 모아 이파리를 열었다.

열일곱 열여덟
열아홉 청춘의 눈부심이다.

나의 봄은 너를 보는
너의 봄이기 때문이다.

낙조 落照

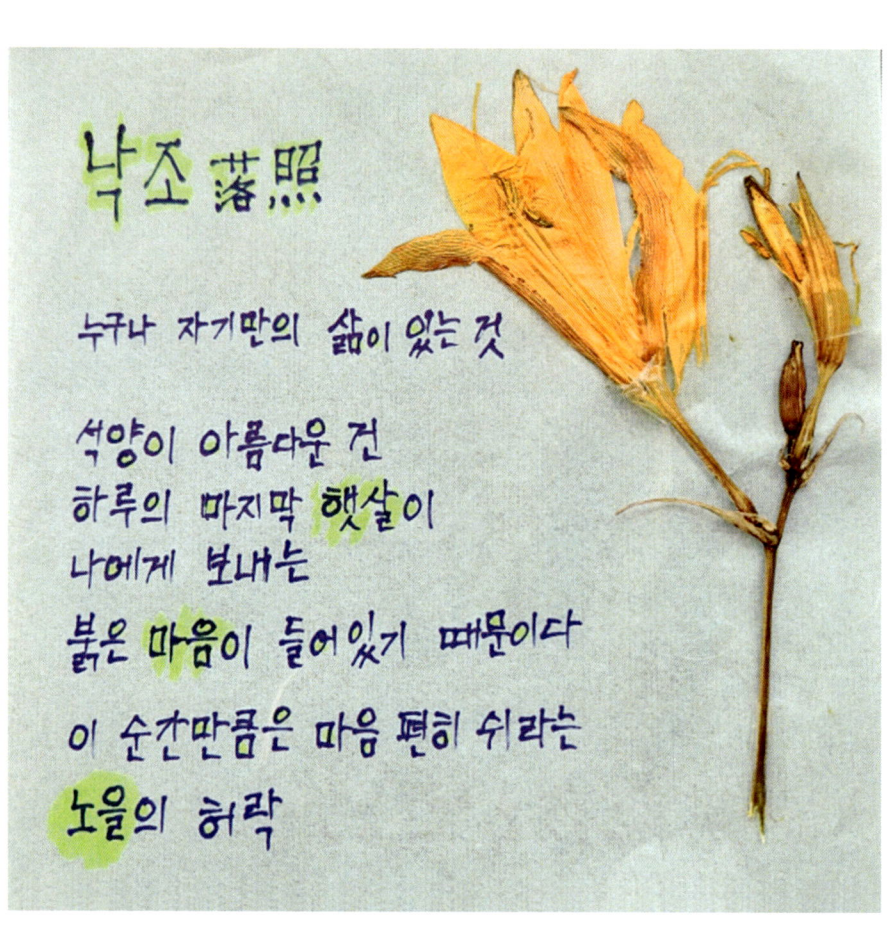

누구나 자기만의 삶이 있는 것

석양이 아름다운 건
하루의 마지막 햇살이
나에게 보내는
붉은 마음이 들어있기 때문이다

이 순간만큼은 마음 편히 쉬라는
노을의 허락

낙조(落照)

누구나 자기만의 삶이 있는 것

석양이 아름다운 건
오늘의 마지막 햇살이
나에게 보내는
붉은 마음이 들어있기 때문이다.

이 순간만큼은 마음 편히 쉬라는
노을의 허락

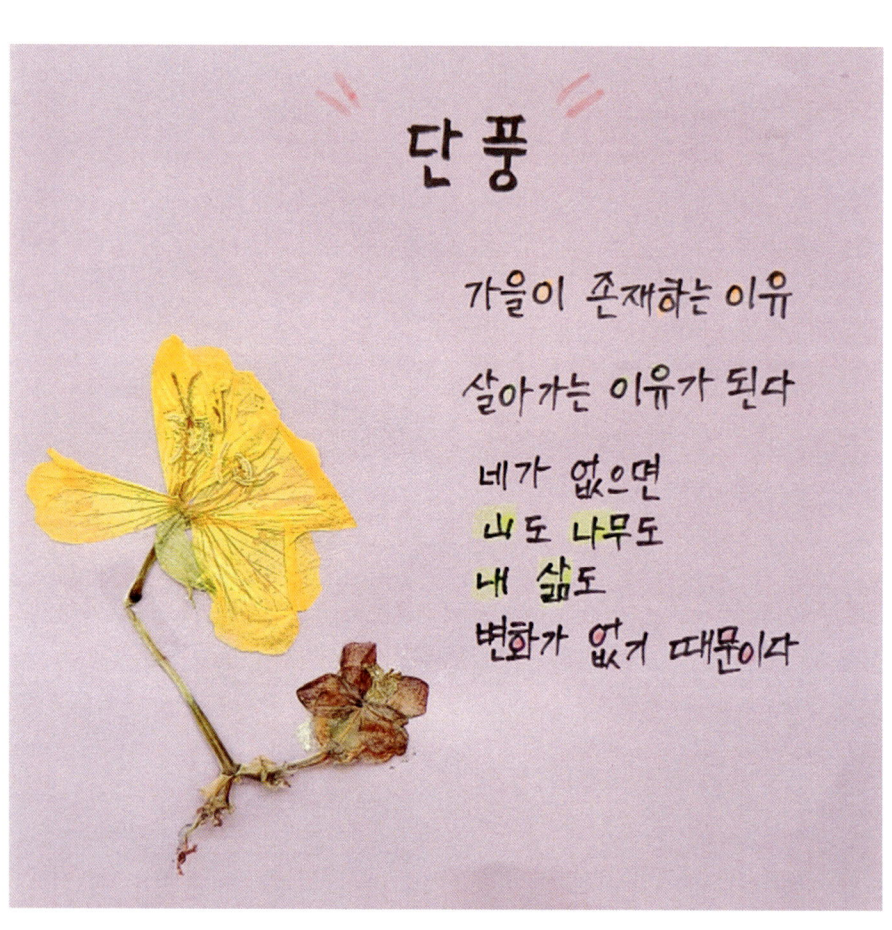

단풍

가을이 존재하는 이유

살아가는 이유가 된다

네가 없으면
산도 나무도
내 삶도
변화가 없기 때문이다

단풍

가을이 존재하는 이유

살아가는 이유가 된다.

네가 없으면
山도 나무도
내 삶도
변화가 없기 때문이다.

단풍 Ⅲ

단풍이 아름다운 건
한 가지 색만 고집하지 않기 때문이다

받아들이는 마음
안에서는
언제든
단풍은
든다

단풍 Ⅲ

초록은
자신이 가진 색 하나로
가을 세상을 바꾸려 하지 않는다.

제 것을 버리고
품 안에 넣은 노랗고 빨간 고운 빛,
초록이 물들어 단풍 든다.

단풍이 아름다운 건
한 가지 색만 고집하지 않기 때문이다.

받아들이는 마음 안에서는
언제든 단풍은 든다.

동백꽃

동백꽃 피었다가
툭, 떨어졌다.

동백은 남고
꽃만 떨어졌다.

사랑을 색칠하던 너는 떠나고
붉던 마음만 남았다.

너에게서 도망가지 못하는
내 마음만 남았다.

마음 하나

보름달을 끌어와 손에 쥐고
그대 찾아가는 마음 하나

세찬 물소리에 미련을 풀어놔도
결코 씻겨 내려가지 않는 그리움

밀물처럼 지나간 뒤에 남게 되는
당신의 빈자리

마음 하나

저녁별을 이끌고 내달리는 물소리에
그대가 생각나는 밤

외로운 마음 오롯이 남았을 때
보름달을 끌어와 손에 쥐고
그대 찾아가는 마음 하나

긴 시간 퍼붓던 여름 빗줄기
세찬 물소리에 미련을 풀어놔도
결코 씻겨 내려가지 않는 그리움

밀물처럼 지나간 뒤에 남게 되는
당신의 빈자리

목련꽃

가지마다 촛불 하나 걸어두고 예식을 준비한다
면사포에 웨딩드레스의 신부가 은은하게 걸어온다
난 성큼성큼 신부를 맞이하는 봄의 신랑이 된다

목련꽃

가지마다 촛불 하나 걸어두고 예식을 준비한다.

면사포에 웨딩드레스의 신부가 은은하게 걸어온다.

난 성큼성큼 신부를 맞이하는 봄의 신랑이 된다.

백복령의 봄

꼬불꼬불 고개가 쳐놓은 투명 그물에
흰 구름 벗어나려
발버둥 친다.

겨우내 무료해 지켜보던 산불 조심 깃발이
그물을 벗기려 펄럭펄럭
한달음에 달려간다.

냉이에게서 봄 내음을 실어 온 산골바람이
살랑살랑 사라랑 입김을 불어 넣자
진달래꽃 맞장구친다.

흰 구름 백복령 고개마다 연분홍 사연 듣고
펄펄 산자락 흔들어 꽃이 피어난다.
우뚝 봄이 일어선다.

벚꽃 그늘

벚꽃 그늘에 들면 나는 어려진다

벚꽃 떨어질 때면
늙으신 어머니는
더욱 쇠퇴하고

나는 자꾸만 어려진다

벚꽃 그늘

벚꽃 그늘에 들면 나는 어려진다.

벚꽃 떨어질 때면
늙으신 어머니는
더욱 쇠퇴하고

나는 자꾸만 어려진다.

벚꽃 사랑

한순간 찾아오는
꽃자리의 낙화

싹둑싹둑 지나고 나면
정신이 아즐아즐

이번 생이 더 아름다워지는
아찔한 자부심

눈 감아야 더 선명해지는
짧은 너의 사랑을 닮았다.

벚꽃 시간

벚꽃이 피어나는 시간
사랑이 가장 아름다운 순간

벚꽃이 떨어지는 시간
가장 가까운 곳에서 너를 보고 싶은 순간

벚꽃이 가고 나면 나머지는
온통 너를 기다리는 시간

벚꽃 시간

벚꽃이 피어나는 시간
사랑이 가장 아름다운 순간

벚꽃이 떨어지는 시간
가장 가까운 곳에서 너를 보고 싶은 순간

벚꽃이 가고 나면 나머지는
온통 너를 기다리는 시간

벚꽃엔딩

무단횡단하듯 지나가는
봄날의 흔적

너를 찾아가는
이 밤의
　　　승
　　　　　차
　　　　　　권

벚꽃 엔딩

무단횡단하듯 지나가는
봄날의
    흔
        적

너를 찾아가는
이 밤의
    승
        차
            권

벚꽃 피날레

벚꽃 피어날래
사랑이 피어나려는 소망

벚꽃 피는 날 돌아올래
꽃 피는 날 오래오래 기다렸다.

벚꽃 피는 날 오라는 말
꽃 피기도 전에 먼저 가 있었다.

벚꽃 피는 날 올래
의미를 찾느라 많은 날이 흘렀다.

벚꽃 핀 날에 벚꽃 피날레
벚꽃 P · 날 · 레

봄바람

냉이꽃 냄새에
봄바람이 맞장구치다가

산불 조심 깃발에 올라타
살랑살랑 내 코끝 건들더니

콧바람을 타고
나뭇가지 움켜 산으로 옮겨가

마침내 산 하나를 흔들어
진달래꽃을 피웠다.

봉숭아 물들이는 시간

손마디 꽁꽁
첫눈을 뗘까지 남아있으면
밝아진다는 저승길
하룻밤에 한 뼘 닫히는
어머니의 세월에
애가 탔다

봉숭아 물들이는 시간

손마디 꽁꽁 실로 묶어 손톱에 올리는 사연
첫눈 올 때까지 남아 있으면 밝아진다는 저승길
하룻밤에 한 뼘 닫히는 어머니의 세월에 애가 탔다.

질그릇 같은 내 손마디에 자리한 어머니 마음
내 마음 물들이다 붉게 타올랐던 숯 가슴
부쩍 자란 그리움이 보름달 되어 손톱에 불 밝힌다.

꽃색 그대로 옮겨와 손톱에 내린 붉은 마음
혈액처럼 분출되어 온몸에 번지는 어머니 사랑
닦아도 씻기지 않는 그리움만 묻어 나온다.

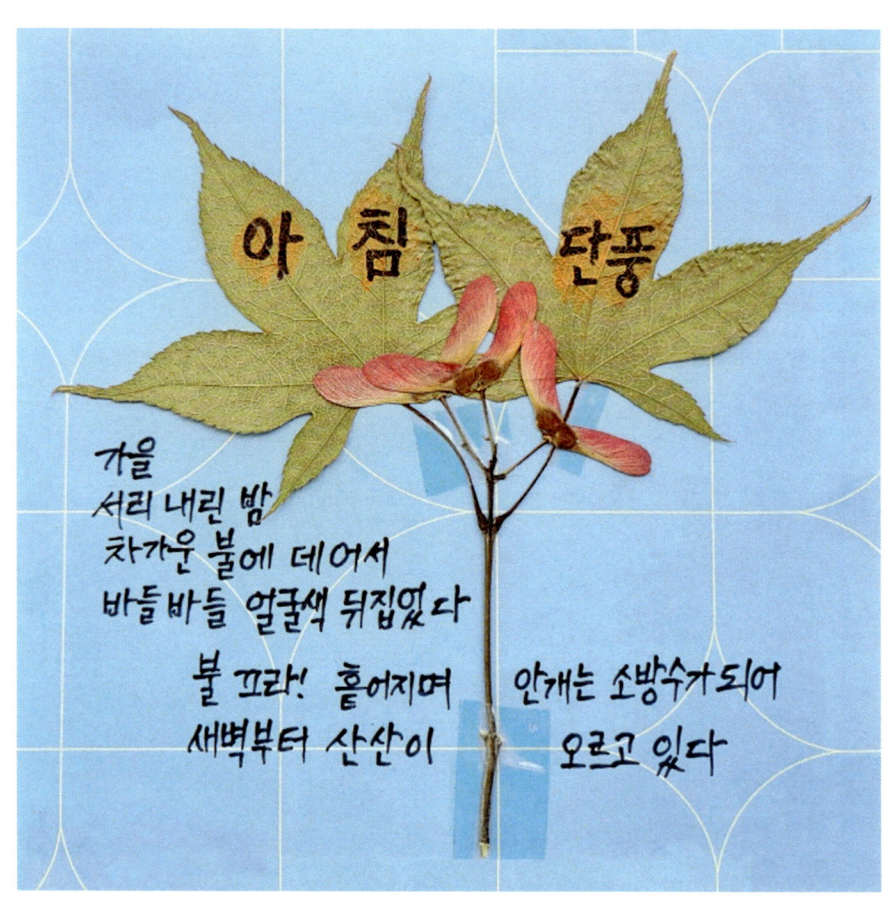

아침 단풍

누가
저 산(山)에
불을 지폈던가!

가을
서리 내린 밤
차가운 불에 데어서
바들바들 얼굴색 뒤집었다.

방심
하다가
붉게 번진 불

불
끄랴!
흩어지며
안개는 소방수가 되어
새벽부터 산산이 오르고 있다.

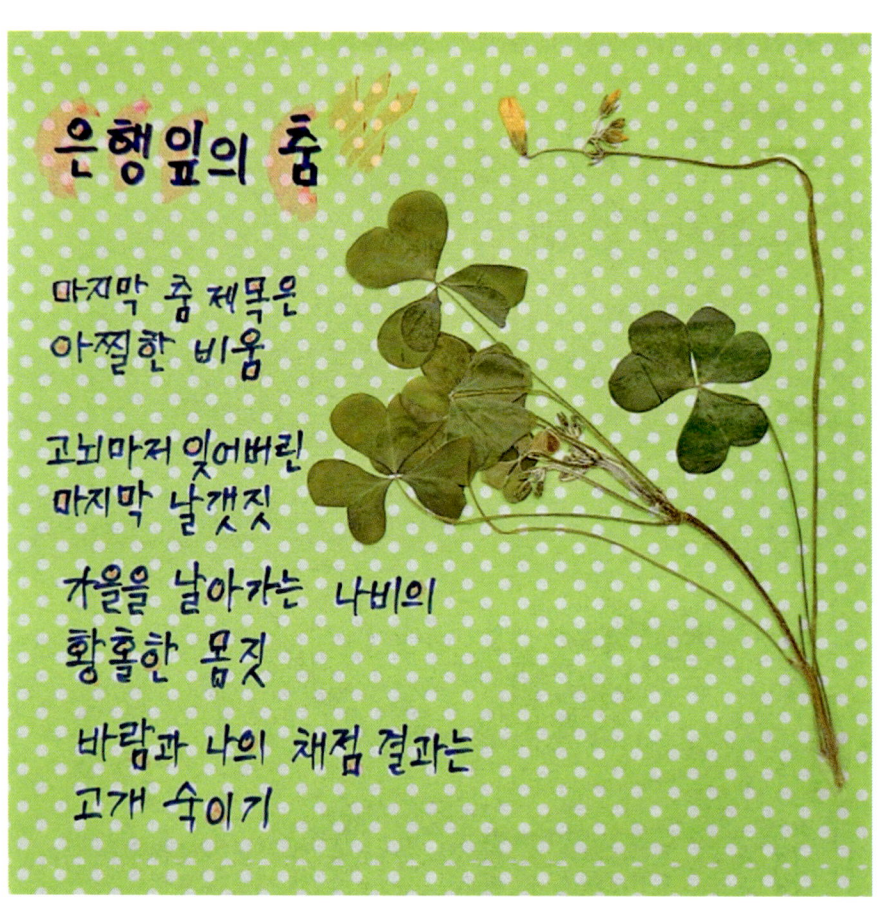

은행잎의 춤

마지막 춤 제목은
아찔한 비움

고뇌마저 잊어버린
마지막 날갯짓

허공을 날아가는 나비의
황홀한 몸짓

바람과 나의 채점 결과는
고개 숙이기

은행잎의 춤

슬픈 춤을 추는 시간이야.
장마와 태풍은 그간의 연습 과정
처음이자 마지막 공연
경연의 시간을 앞두고
기다려지는 독무의 순서

한 번뿐인 심사라 몸은 떨려도
가지에는 추억을 걸어두고
훌훌 욕망과 미련 내려놓기
마지막 춤 제목은 아찔한 비움

고뇌마저 잊어버린 마지막 날갯짓
가을을 날아가는 나비의
황홀한 몸짓

바람과 나의 채점 결과는
고개 숙이기

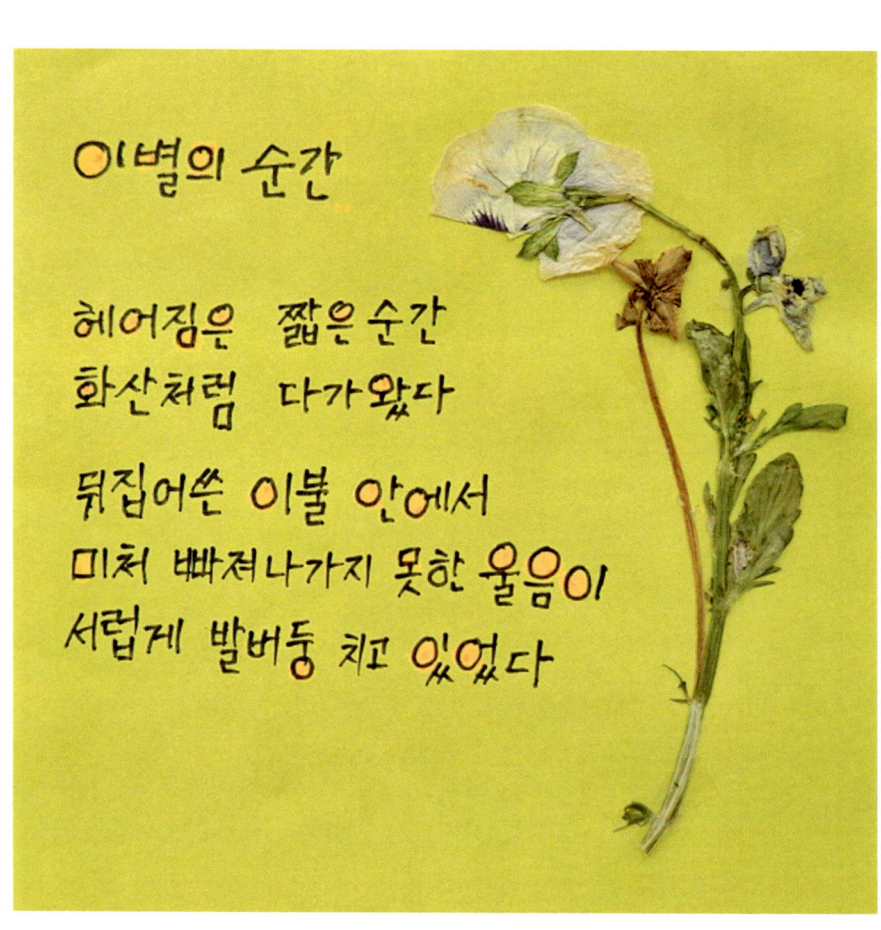

이별의 순간

헤어짐은 짧은순간
화산처럼 다가왔다

뒤집어쓴 이불 안에서
미처 빠져나가지 못한 울음이
서럽게 발버둥 치고 있었다

이별의 순간

불평은 너의 몫
외로움은 언제나 나의 몫

헤어짐은 짧은 순간
화산처럼 다가왔다.

터져버린 용암
코끝 식고 나면
굳어버린 나의 침묵

뒤집어쓴 이불 안에서
미처 빠져나가지 못한 울음이
서럽게 발버둥 치고 있었다.

칠석의 눈물

녹색 잎이 하나둘 생겨나고
노란 잎이 하나둘 떨어지고
황톳빛으로 하나둘 되어가고
하나둘 흙이 되어 돌아간다.

멍들다 떨어진 노릇노릇한 꿈
칠월의 눈물로 떨어지는 낙화

Ⅲ부
일상을 담다

게점휴업

불붙는 열정 찾을 때까지

사춘기 가슴에 구멍가게를 열어놓은 순남이 없이 지루했던
홀로된 **사랑**
인생은 때론 원치 않아도 흘러가다 곁길로 가는
부록 인생도 숨어있다
가슴에 남모를 사랑 하나
넣었다고 **죄가 되랴**

개점휴업

사춘기 가슴에 구멍가게를 들여놓고
손님도 없이 시작했던 홀로된 사랑

사랑은 잔잔히 흘러가는 강물처럼
가슴을 촉촉하게 파고드는 줄 알다가
단골손님뿐인 불혹의 세월 지나고 나면
가게는 힘을 소진한 낙엽이라 여겼다.

천둥소리에 번쩍이는 번개에 놀라고
소나기 흠뻑 젖어 마르지 않는 마음
인생은 때론 원치 않아도 흔들리다가
곁길로 가는 부록 인생도 숨어있다.

가슴에 남모를 사랑 하나 넣었다고 죄가 되랴,
불붙는 열정 찾을 때까지
개점휴업!

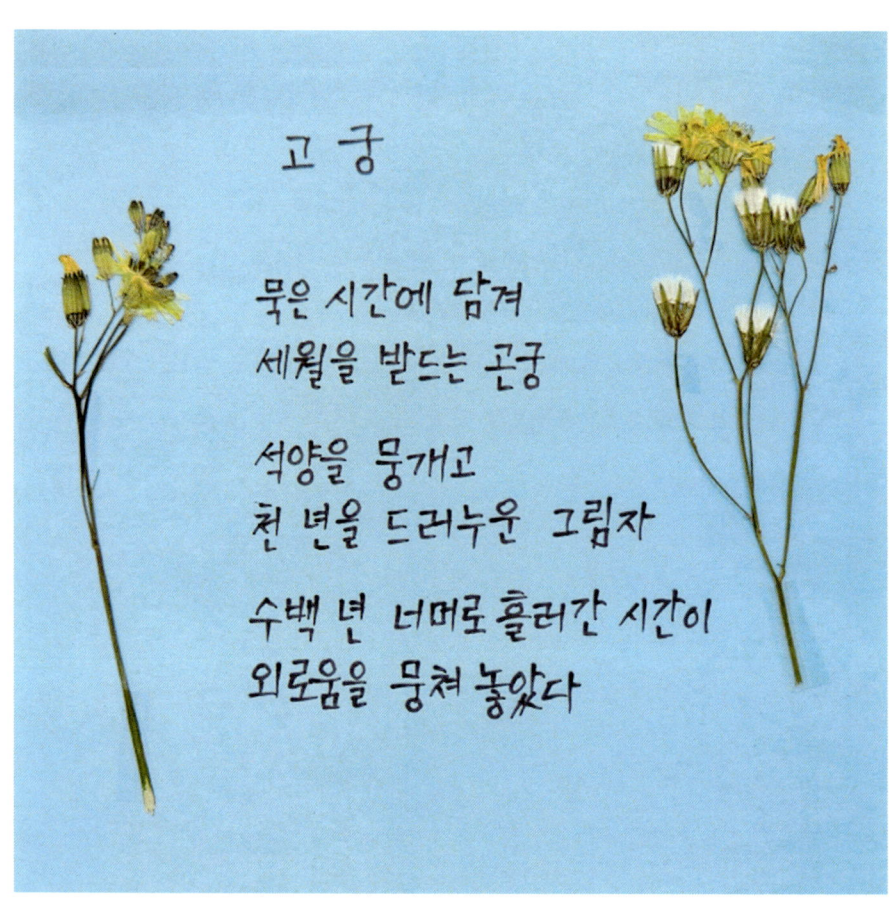

고궁

묵은 시간에 담겨
세월을 받드는 고궁

석양을 뭉개고
천 년을 드러누운 그림자

수백 년 너머로 흘러간 시간이
외로움을 뭉쳐 놓았다

고궁(古宮)

묵은 시간에 담겨
세월을 받드는 곤궁(困窮)

석양을 뭉개고
천 년을 드러누운 그림자

수백 년 너머로 흘러간 시간이
외로움을 뭉쳐 놓았다.

침묵에 익숙해진 담벼락이 어둠에 들어
천 년 소리에 귀 기울인다.

뜰 자락 거닐다 인기척에 놀란 까치
까작 까작 옛 주인을 찾는다.

구파발의 봄
- 2006년 구파발의 기억 -

떠나는 사람과
떠나줄 사람들이 설키고
떠나지 못한 사람들이
실타래로 얽힌 마을
향기 잃은 아까시아
꽃잎만 몇 개 남았다

정적 소리에 놀란 빗방울이 무겁게 가라앉는 마을
인공폭포의 물도 말랐는지 소리가 없다

구파발의 봄
- 2006년 구파발의 기억 -

떠나는 사람과 떠나갈 사람들이 설키고
떠나지 못한 사람들이 실타래로 얽힌 마을
향기 잃은 아카시아 꽃잎만 몇 개 남았다.

퇴색한 글자보다 누렇게 번진 얼굴이
섬뜩한 통일로 매연만 받아들이고,
광목천에 거칠게 쓴 붉은 현수막이
펄럭이며 홀로 바람에 맞서고 있다.

포크레인 억센 팔뚝이 벽을 흔들자
지붕 위에서 움찔거리던 봄이 물러나고
안방에 든 햇살이 주인 떠난 벽과 함께 무너진다.

철거에 놀란 차들이 박석고개로 질주하며
경적소리에 놀란 빗방울이 무겁게 가라앉는 마을
인공폭포의 물도 말랐는지 소리가 없다.

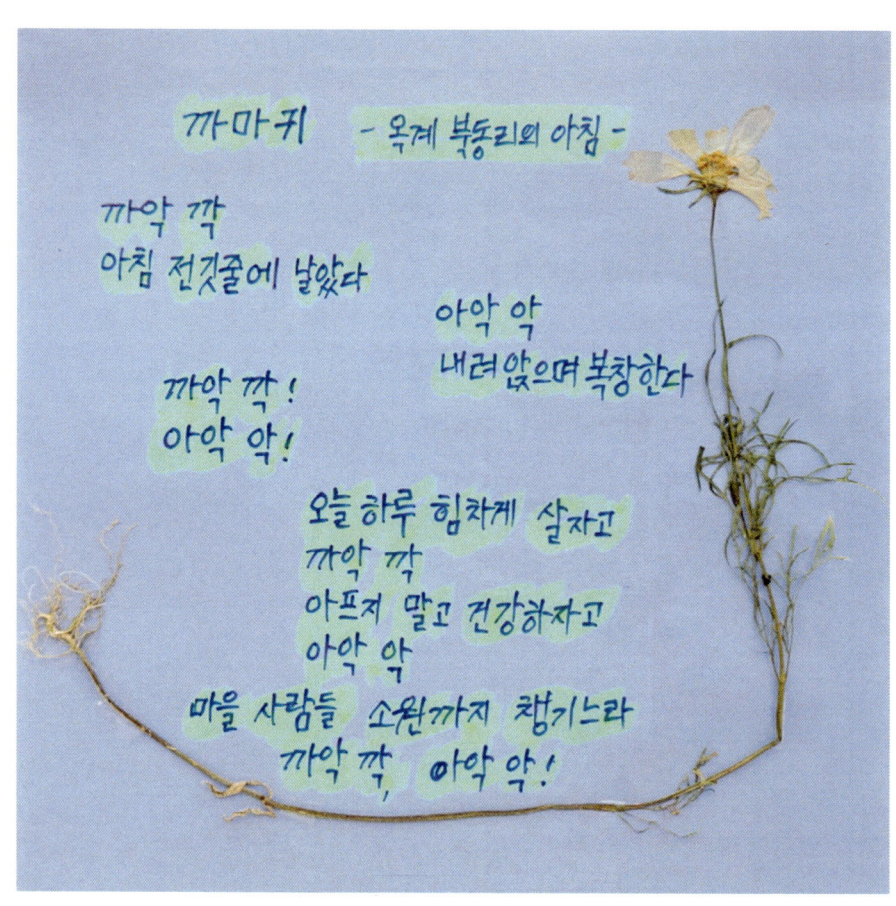

까마귀 - 옥계 북동리의 아침 -

까악 깍
아침 전깃줄에 날았다

아악 악
내려앉으며 복창한다

까악 깍!
아악 악!

오늘 하루 힘차게 살자고
까악 깍
아프지 말고 건강하자고
아악 악
마을 사람들 소원까지 챙기느라
까악 깍, 아악 악!

까마귀
- 옥계 북동리의 아침 -

까악 깍
아침 전깃줄에 날았다.
아악 악
내려앉으며 복창한다.

까악 깍!
아악 악!

오늘 하루 힘차게 살자고
까악 깍
아프지 말고 건강하자고
아악 악

까악 깍!
아악 악!
마을 사람들 소원까지 챙기느라
까악 깍 아악 악!

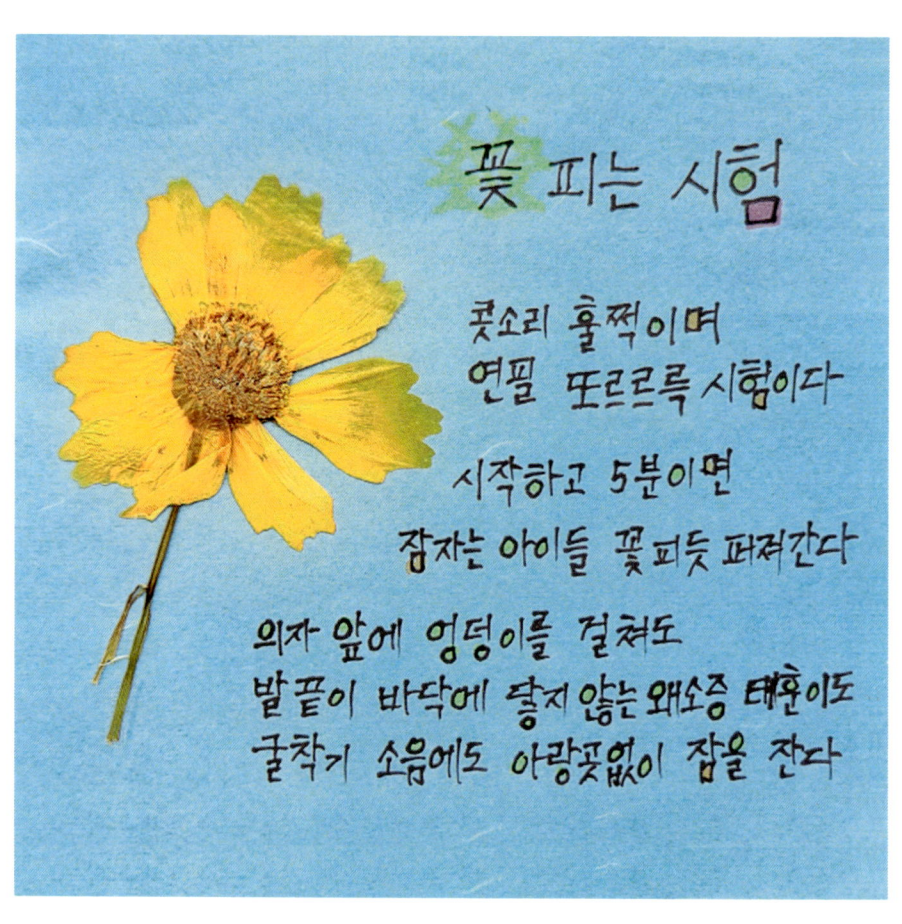

꽃 피는 시험

콧소리 훌쩍이며
연필 또르르륵 시험이다

시작하고 5분이면
잠자는 아이들 꽃 피듯 퍼져간다

의자 앞에 엉덩이를 걸쳐도
발끝이 바닥에 닿지 않는 왜소증 태환이도
굴착기 소음에도 아랑곳없이 잠을 잔다

꽃 피는 시험

창문 너머 남산
곁눈질로 내다보는 소월길
봉긋봉긋 새잎 나고
햇살은 산색을 바꾼다.

콧소리 훌쩍이며
연필 또르르륵 시험이다.

시작하고 5분이면
잠자는 아이들 꽃피듯 퍼져간다.

의자 앞에 엉덩이를 걸쳐도
발끝이 바닥에 닿지 않는 왜소증 태훈이도
굴착기 소음에도 아랑곳없이 잠을 잔다.

살랑거리는 봄바람이지만
마음속에선 답 모르는 시험문제를 풀고 있다.

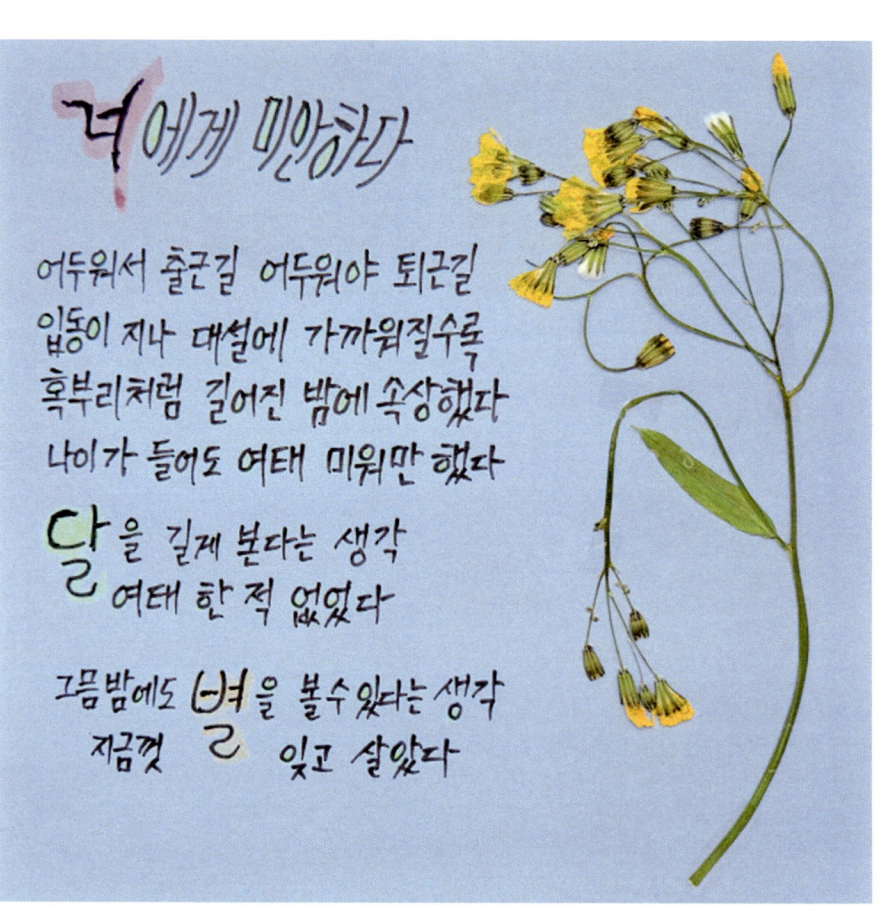

너에게 미안하다

어두워서 출근길 어두워야 퇴근길
입동이 지나 대설에 가까워질수록
혹부리처럼 길어진 밤에 속상했다
나이가 들어도 여태 미워만 했다

달을 길게 본다는 생각
　　여태 한 적 없었다

그믐밤에도 별을 볼수있다는 생각
지금껏　　　잊고 살았다

너에게 미안하다

어두워서 출근길 어두워야 퇴근길
입동이 지나 대설에 가까워질수록
혹부리처럼 길어진 밤에 속상했다.
나이가 들어도 여태 미워만 했다.

해가 짧아져 달을 길게 본다는 생각
여태 한 적 없었다.
그믐밤에도 별을 볼 수 있다는 생각
지금껏 잊고 살았다.

밤이 길수록 너를 보고 만나는 시간
달과 별에게 미안한 생각이 들었다.
밤이 길수록 너는 더 반갑고
어둠이 짙을수록 너는 더 빛났다.

해가 져 어두울수록 미안하다.
아무 말도 없이 기다려온 너,
너에게 미안하다.

받침목

한 그루 생명을 위해
셋은 목숨을 바쳤다.

무릎을 꿇고
머리를 맞대고
온 몸이 하나로 묶였다.

살던 곳에서 추방되어 온
이방인을 떠받들기 위해
영문도 모른 채 목숨을 내놓아야 했다

받침목

한 그루 생명을 위해
셋은 목숨을 바쳤다.

무릎을 꿇고
머리를 맞대고
온몸이 하나로 묶였다.

살던 곳에서 추방되어 온
이방인을 떠받들기 위해
영문도 모른 채 목숨을 내놓아야 했다.

복수

약수터에서 물통을 씻어 흔드느라
내치지 못해 네게 물렸다.

네 놈이 젖먹이라서
한두 번 물린 것도 아니다.

오냐, 무좀 걸린 발가락
피를 뜯어 먹었으니
너도 어디 걸려 봐라.

이놈의 무좀,
이놈의 모기!

북한산

싫증난 바람은
제 자리만 맴돌고
새들은 무좀 발가락
피해 날아다닌다

북한산이
식은 땀을
흘리고 있다

북한산

부챗살로 퍼져서 산 어깨를 짚어가며
안마하는 칠월의 햇살

시멘트 덩어리 산자락 파고들어
발 아래 산은 무좀으로 신음하고 있다.

한때 너럭바위 흘러내리던 물줄기
눈물이 말라 화석으로 남았다.

싫증 난 바람은 제 자리만 맴돌고
새들은 무좀 발가락 피해 날아다닌다.

미끈한 암벽은 내 시선 탓인가,
맨몸 드러낸 채 땀을 흘린다.

북한산이 식은땀을 흘리고 있다.

비

수박 두드리듯
토톡, 톡
잘 여물었나 보다
호독 호독

살까 말까, 갈까 말까
또독 또독
그만그만 장사치의 잔소리
또 도또 또도또

비

수박 두드리듯
토톡, 톡
잘 여물었나 보다
호독 호독

살까 말까, 갈까 말까
또독 또독
그만그만 장사치의 잔소리
또 도또 또도또

뒹굴뒹굴 갈래갈래
똬리를 튼다.
가닥가닥 구르다가
북소리에 맞추어 행진한다.

고단한 무게를 뭉쳐서
함성 내지르며 달려간다.
뒤돌아보지도 않은 채
앞다투어 몰려간다.

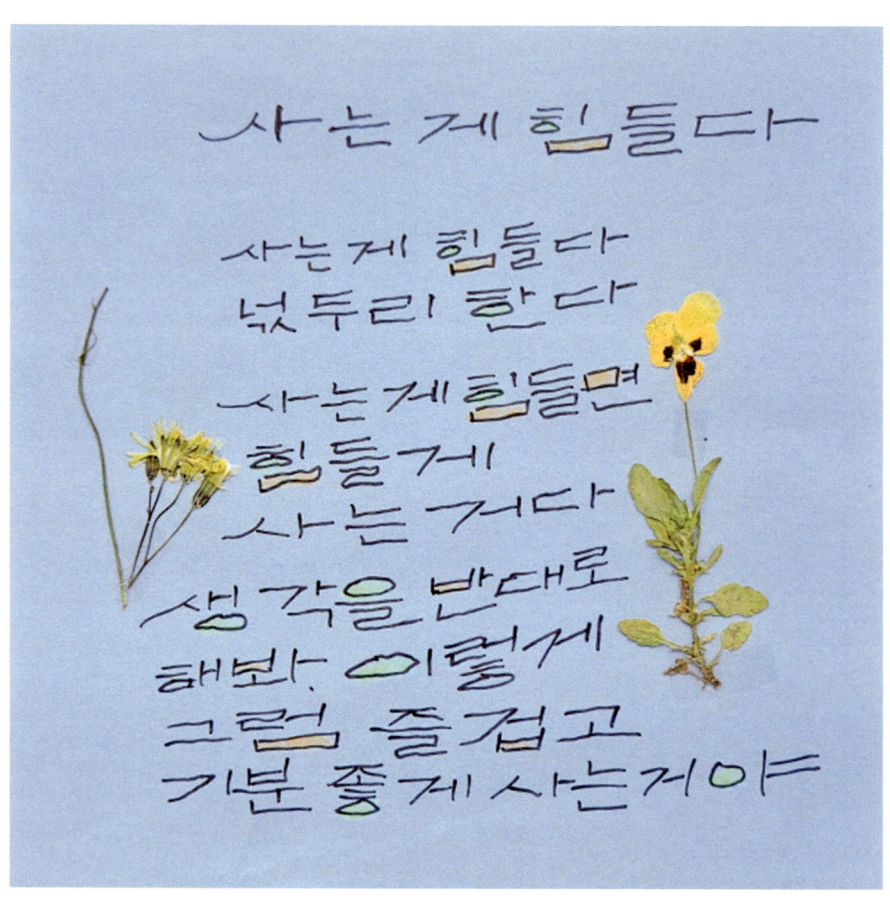

사는 게 힘들다

사는게 힘들다
넋두리 한다

사는게 힘들면
힘들게
사는 거다

생각을 반대로
해봐. 이렇게
그럼 즐겁고
기분 좋게 사는 거야

사는 게 힘들다

사는 게 힘들다 넋두리한다.
그래 어디 쉬운 삶이 있으랴

사는 게 힘들면 힘들게 사는 거야.

힘들지 않게 살려면 방법은 뭐지?
힘을 빼고 살면 되는 거야.
어떻게 하면 힘을 빼지?
생각을 반대로 해봐. 이렇게

사는 게 즐겁고 기분 좋다.
그럼 즐겁고 기분 좋게 사는 거야.

우습고 장난 같아도 포기하지 마.
죽고 싶단 생각은 질릴 만큼 늙어서 하는 거야.

상빈이의 하루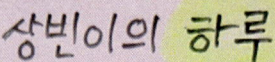

초등학교 저학년 기초학습을
벗어나는 건 어깨에 매달린
무거운 가방보다 애처롭다.

형편이 어려운데 급식은 왜,
반찬 때문에?
점심까지는 챙기지 못해서요
…… 엄마 더 주무시라고

목젖으로 마른침이 자꾸자꾸 넘어간다.
아니 목이 막혔다.

상빈이의 하루
- 2004년 9월 초하루의 꿈 -

일기 써 왔니?
그런데 집에 있어요.
이를 훤히 드러내 보이며 웃는다.
우툴두툴한 이 사이로 누런 바람이 분다.

집 가면 뭐 하니?
청소하고 6학년 여동생과 놀아줘요.
컴퓨터 하나로 둘이 하는 게임

엄마 아빠는 봉제공장 다녀요.
아빠는 재단하고 엄마가 옷 만들고,
늦게 들어오겠구나. 저녁 8시, 9시?
새벽 2시나 3시에 들어와요.

저녁은 어떻게 하니?
아침에 해놓은 밥 먹고 설거지하고 자요.
알람 시계에 일어나 혼자 밥 먹고 나와요.

동생 좀 깨워놓고 가라는 엄마의 말 한마디
한 번의 말에 오늘도 동생 챙겨주고 왔다.

175cm에 90kg 가까운 넉넉한 체구
놀림에 골탕먹어도 흔한 욕 하나 하질 않는다.
배운 걸 다시 물어도 틀린 대답을 하고,
지나간 쪽수 펴 놓고 어딜 공부하는지 몰라도
눈 가까이 책을 두고 글자 짚어가며 읽는다.

초등학교 저학년 기초 학습을 벗어나는 건
어깨에 매달린 무거운 가방보다 애처롭다.

형편이 어려운데 급식은 왜, 반찬 때문에?
점심까지는 챙기지 못해서요
…… 엄마 더 주무시라고,

목젖으로 마른침이 자꾸자꾸 넘어간다.
아니 목이 막혔다.

서서 가는 인생

급행이 서지 않는 강매역
서서 가는 출근길이 **흔들린다**

뿌리 약한 나무처럼 선 채로 흔들거린다
애써 바닥에 달라붙지 못한 발끝도 하사다

뿌리박지 못하고 사는게 어디 부평초뿐이랴
나무도 한세월 바람에 흔들리며 자리를 보존하는데
기울어진 중심 위에서 떨어지지 않으려 발버둥 친다

서서 가는 인생

바람 소리 꽁무니에 매달고
기차는 도심으로 향한다.
급행이 서지 않는 강매역
서서 가는 출근길이 흔들린다.

홍대입구 환승 길 백만 대군의 발걸음이
지난밤의 꿈을 뚫고 쑥쑥 지나간다.
흔들리지 않고 살아갈 수 없는 길
무게중심을 잡아도 비틀거리며 쓸려간다.

기웃거리며 손잡이에 닿지 못한 퇴근길
사람들의 침묵과 피로가 창문에 달라붙어
뿌리 약한 나무처럼 선 채로 흔들거린다.
애써 바닥에 달라붙지 못한 발끝도 허사다.

축 처진 어깨가 내려가 더 늘어진 그림자
뿌리박지 못하고 사는 게 어디 부평초뿐이랴
나무도 한세월 바람에 흔들리며 자리를 보존하는데
기울어진 중심 위에서 떨어지지 않으려 발버둥 친다.

소주

초록 · 별 · 세상이다.

너를 마주하면
알게 되는 마음 세상

서로 웃고 울리는
광대의 몸짓과

말 다하지 못하는
침묵과 한숨

찐하고 짠한
사람들의 눈물을 마신다.

시험 감독

숫자 고민은 어리석은 자의 고민
선택받은 3번은
일자로 찍는 마킹의 굴룰

지각하여 가방도 벗지 못한 채
뻣뻣하게 잠이 든 쌍둥이
윤회 곤회

고통받는 시험지가 창백하다
아아, 피말리는 수학시험!!

시험 감독

"문제지는 모서리 말고 가슴 앞에 둬야지"
비스듬한 책상 줄 맞추며 손보다 눈이 빠르다.

답안지 이름도 쓰다 말고 책상 위로 엎드린다.
하나둘 절반, 오 분 만에 시험이 끝나는 기적
숫자 고민은 어리석은 자의 선택
선택받은 3번은 일자로 찍는 마킹의 국룰

지각하여 가방도 벗지 못한 채 허둥대다가
뻣뻣하게 잠이 든 쌍둥이 윤회 곤회
때때로 그 흔한 답안지 한번 교체 없다.
20분도 지나지 않아 답안지 걷자고 재촉이다.

고통받는 시험지가 창백하다.
아아, 피 말리는 수학 시험 시간이여!

약수터

쫄쫄 쫄~ 쪼르륵
무서워 가지 말라는 무덤 곁 약수터
가뭄 앞에선 人情도 줄어든 샘물
50분을 쪼그리고 앉아 홀로 물을 받는다

새벽을 불러 다가온 월요일 출근길
밤 깊은 새벽 3시가 고달프다.
쪼쪼 쪼르르 르르르

약수터

쫄쫄 쫄~ 쪼르륵

무서워 가지 말라는 무덤 곁 약수터
휘청거리며 순서를 기다리는 물통
가뭄 앞에선 人情도 줄어든 샘물
50분을 쪼그리고 앉아 홀로 물을 받는다.

새벽을 불러 다가온 월요일 출근길
밤 깊은 새벽 3시가 고달프다.
칭얼대는 막내딸을 재우던 아내 손길이
떨어지는 물소리에 차곡차곡 잠긴다.

쪼쪼 쪼르르 르르르
더는 담기지 못해 겉도는 물
걸음걸이마저 부들부들한 어둠만 남았다.

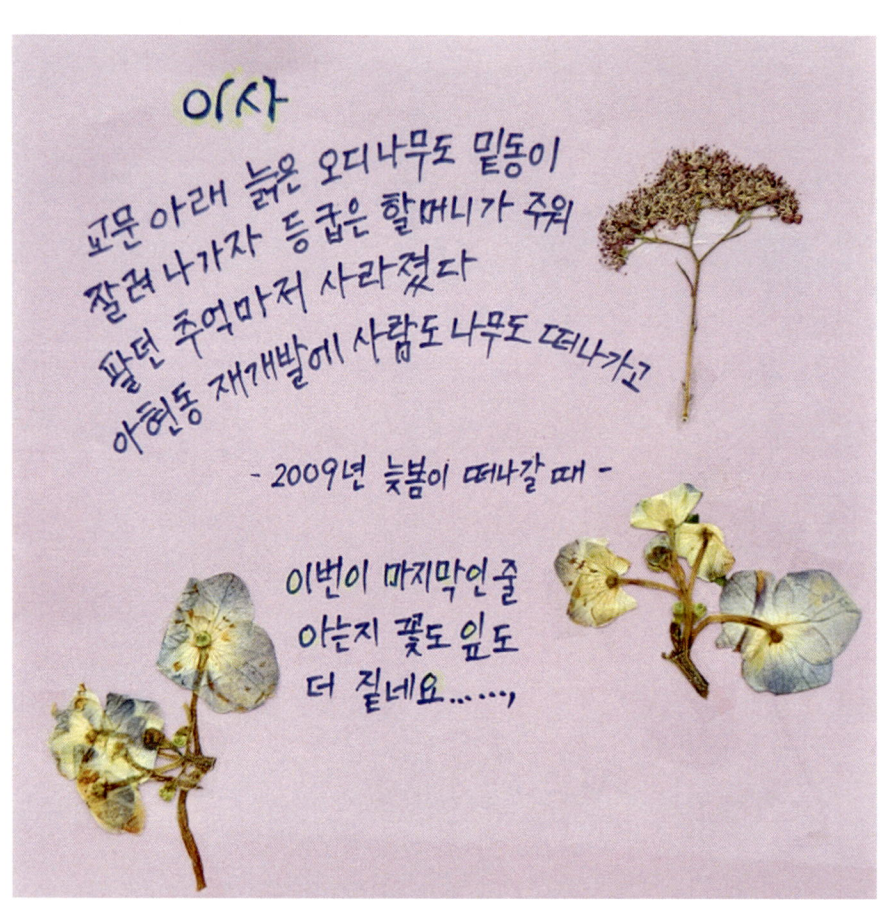

이사
- 2009년 늦봄이 떠나갈 때 -

신입생의 발소리 들으며 싹눈 틔우던 목련의 꿈
아이들의 재잘거림으로 커 가던 벚꽃의 환호성
운동장 담벼락에 기대어 학생인 양 졸던 은행나무
보랏빛 라일락의 향기에 취하던 5월의 교정(校庭)

교문 아래 늙은 오디나무도 밑동이 잘려 나가자
등 굽은 할머니가 주워 팔던 추억마저 사라졌다.
흙먼지를 털지 못한 채 학교에만 남아 있는 나무
서로를 의지한 채 미풍에도 심하게 몸을 떨고 있다.

골목길 분주히 쌓아둔 추억도 공사 소음에 사라지고
잔정 담긴 손길로 곱게 대접받다가 버려진 쓰레기
아현동 재개발에 사람도 나무도 떠나가고 말았다.

이번이 마지막인 줄 아는지 꽃도 잎도 더 짙네요.
눈이 어두운, 칠십을 넘긴 수위 선생님의 탄식 소리
어두워져 가는 운동장에 울림소리만 힘없이 맴돈다.

일상 스케치

숨을 세운 말

내 삶이 날카로워진
오늘 아침,
일회용 면도기에
턱을 베이고
말았다

일상 스케치

시퍼런 각(角)을 세운 말
칼날 같은 서슬에 움찔

바짝 날이 선 도끼에
오므라든 마음 더욱 모서리진다.

말 붙이지 못하고
잰걸음에서 한 걸음씩 처지다가

내 삶이 날카로워진
오늘 아침,
일회용 면도기에 턱을 베이고 말았다.

진로 적성 검사

'예, 아니오' 질문에도
컴퓨터 펜은 대치 중이다.

여백의 공간은
낙서와 그림으로 채워진다.

끝까지 풀지 못한 물음에 진로에 대한 답을 찾았을까
너희가 원하는 적성이 저 질문지에 다 담겨 있을까,
나의 궁금증이 해소되지 않은 채 검사는 끝이 났다.

진로 적성 검사
- 2004년 교실의 풍경 -

초성 종성 이름 표시부터 위태롭다.
80문제를 8분 안에 마쳐야 하는 검사
방송 안내를 아이들은 따라가지 못한다.
백만대군으로 문제는 몰려드는데
'예, 아니오' 질문에도 컴퓨터 펜은 대치 중이다

여백의 공간은 낙서와 그림으로 채워진다.
방송이 나오기도 전에 뒷장을 펼쳐 뚝딱뚝딱
문제지는 펼치지도 않고 앞질러 마킹하며
경황없는 시간마저도 몇몇은 여유롭다.

'부동자세로 오랫동안 있을 수 있습니까?' 문항에
선생님, 부동자세가 뭐예요? 손을 든다.
심각한 얼굴이 어떻게 바뀔까 궁금하여 답한다.
응, 움직이지 않고 가만히 있는 자세야.

펜을 내려놓더니 눈을 감더니 그대로 멈췄다.
뒤쪽에서 또 한 녀석이 부동자세를 묻는다.
군대 가면 배우는 기본자세라고 친구가 나선다.
'대충 해라. 답할 힘도 없다. 또 일어서지 말고'

'다리를 모은 채 허리만 굽으러 손바닥이 땅에 닿는다'
'예, 아니오' 문항에 구레나룻 긴 혁섭이가 벌떡 일어선다.
선생님, 잠깐만요, 이것 직접 실험 좀 해 볼게요.
옆줄로 나와 허리를 굽히더니 간신히 바닥에 손이 닿는다.
좋아라, 밝아진 얼굴에 '예'에 체크를 한다.

끝까지 풀지 못한 물음에 진로에 대한 답을 찾았을까,
너희가 원하는 적성이 저 질문지에 다 담겨 있을까,
나의 궁금증이 해소되지 않은 채 검사는 끝이 났다.

진실
– 착한 아내와 심술궂은 아내 –

남편이 돈을 벌어 올 때면
아내는 조금씩 항아리에 돈을 숨겼어.
달력을 팔려나가면 심술궂은 아내도
하나씩 장롱 깊이 달력을 감췄지.

몇 해가 지나도 가난을 벗지 못하자
몰래몰래 감춰둔 돈과 달력을 꺼냈어.
돈을 밑천으로 장사하는 남편을 보고
착한 여자라 칭찬이 퍼져갈 때
지나간 달력이라 심술쟁이 팔지도 못해
어리석다 손가락질당하며 구박받았지.

몇십 년 지나서 여전히 빚에 쪼들리자
이제껏 감춰둔 돈과 달력을 또 꺼냈어.
화폐가치가 떨어져 장사밑천도 되지 않자
착한 아내는 한심타 비웃음만 퍼져갈 때
구하지 못하는 희귀품 된 심술쟁이 달력
평생 돈 만지는 아내라 칭송 자자했지.

첫사랑

너무도 집착한 무결석이 깨졌다.

첫사랑과 같은 설렘이 깨졌다.

칼끝 닮은 풋사랑이 또 지나갔다.

이제……,

칼자루 같은 **사** · **랑** · 만 남았다.

청춘의 덫

열아홉 서른 들끓던 청춘
녹아내리기 전 아이스크림 같은 단단한 삶

가장의 등짐이 어깨를 누르고 올라와
머리 하얗게 솟아난 청춘의 덫!

가시덤불 속 매복한 흰머리의 유혹
반짝세일에 분주해진 주부의 손놀림

잘리고 수없이 빠져나가며
한 움큼 덜어낸 머리카락에 녹아내린 오십의 삶

내 삶의 나이테 같은 흰 수염은 백기 투항이다.
흰 머리카락 찬찬히 쓸어 담는다.

해파리 마냥 찡찡하여 족집게를 내려놓는다.
청춘의 덫에 걸렸다.

IV부
두줄시

가을 단풍

바스락 바스락, **가을**이 떨어진다.

지상에서 하늘로 붉은 **카펫**이 깔렸다.

[꽃시집] 꽃 피는 시험

가을 편지

가을에는 꽃도 편지가 된다.

내 마음 꽃에 보내면 바람이 배달 나선다.

개꿈

잘 자. 오늘 밤 내 **꿈** 꿔. 약속이야,

밤새 개들만 등장하는 꿈, 그 **약속** 지킨 것 같아,

갯벌

썰물이 되면 갯벌엔 수만 개의 **코(鼻)**가 숨을 쉰다.

참았던 긴 숨 쉬느라 들락날락 **갯벌**이 벌렁거린다.

과대포장

손맛 나는 보석함,
홍합을 열었다.

새끼손톱보다 작은 몸통
하나가 들어있다.

과대포장

손맛 나는 보석함, **홍합**을 열었다.

새끼손톱보다 작은 **몸통** 하나가 들어 있다.

금연
- 피켓 봉사활동 중 -

금연의 시작은 즉시 **연금**의 시작

가입비 납입금 없는 평생 건강보험

꽃망울

소리 없이 터뜨리는 꽃망울의 **폭죽**

봄의 탄생을 환호하는 생명의 **축포**

꽃의 탄생

꽃가지 꺾어 빈 병에 넣자
햇살 한줌 물고 들어간다
웅크렸던 봄이 꿈틀꿈틀 기지개를
켜더니 꽃을 피웠다

꽃의 탄생

꽃가지 꺾어 빈 병에 넣자 **햇살** 한 줌 물고 들어간다.

욱여넣었던 봄이 꿈틀꿈틀 기지개를 켜더니 **꽃**을 피웠다.

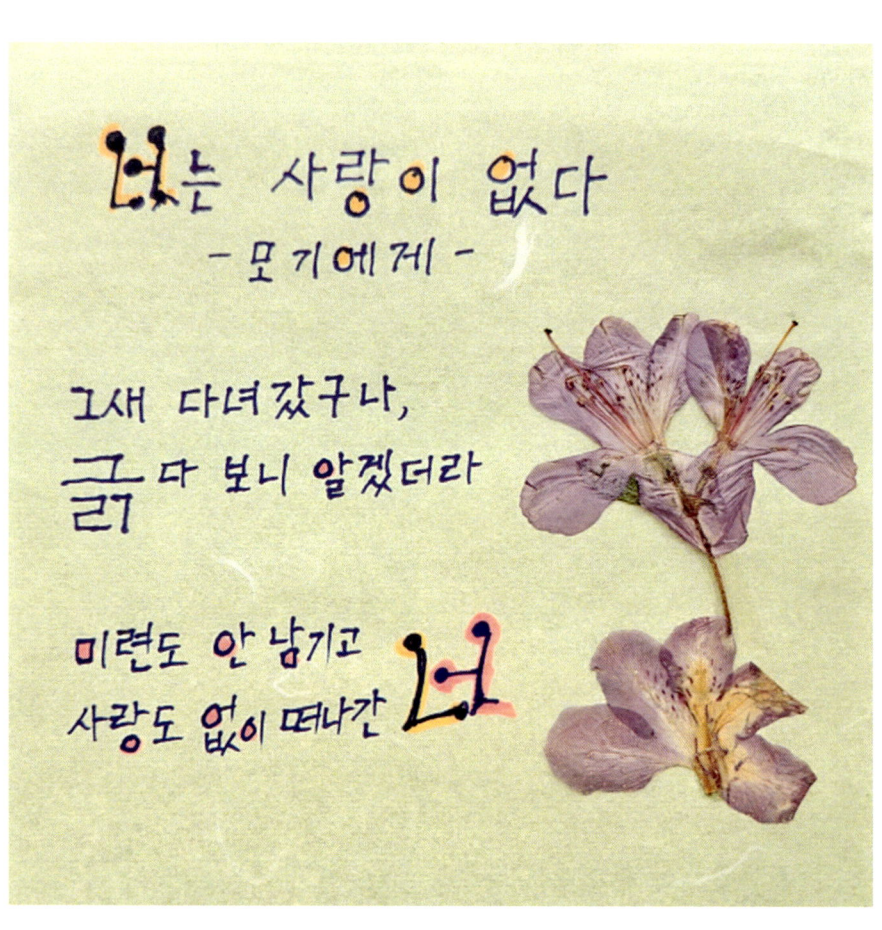

너는 사랑이 없다
- 모기에게 -

그새 다녀갔구나. **긁다** 보니 알겠더라.

미련도 안 남기고 사랑도 없이 떠나간 너.

넌 나의 꿈

줄에 묶인 **연**은
　마음껏
　　하늘을 날 수 없다

새는 얽매이지 않고
　마음껏
　　하늘을 날아간다

넌 나의 꿈

줄에 묶인 **연**은 마음껏 하늘을 날 수 없다.

새는 얽매이지 않고 마음껏 하늘을 날아간다.

노을

오늘의 마지막 햇살이
나에게 보내는 선물

애쓴 하루 마음 편히
쉬라는 노을의 배려

노을

오늘의 마지막 햇살이 나에게 보내는 **선물**

애쓴 하루 마음 편히 쉬라는 노을의 **배려**

단풍 II

인생의 두 번째 **봄**

그리고 다시 늙어가는 **청춘**

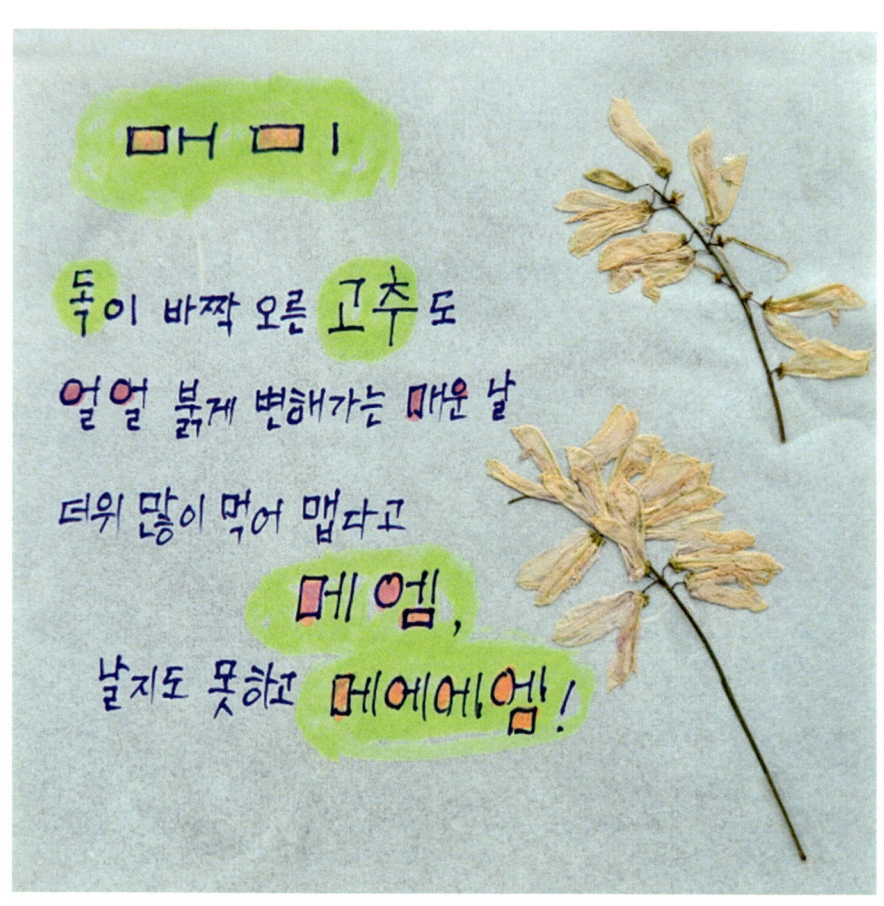

매미

독이 바짝 오른 **고추**도 얼얼 붉게 변해가는 매운 날

더위 많이 먹어 맵다고 **메엠**, 날지도 못하고 메에에엠!

무서운 병(病)

뭐가 무서워, **귀신**은 죽지도 않지만 남을 죽이지도 않아.

웃기지 마. 중2병이 무서워도 그보다 더 무서운 건 **월요병**

바람

멈춰 있는 **바람**을 흔들어 내게로 오게 하는 것

닫혀 있는 마음을 흔들어 **사랑**이 오게 하는 것

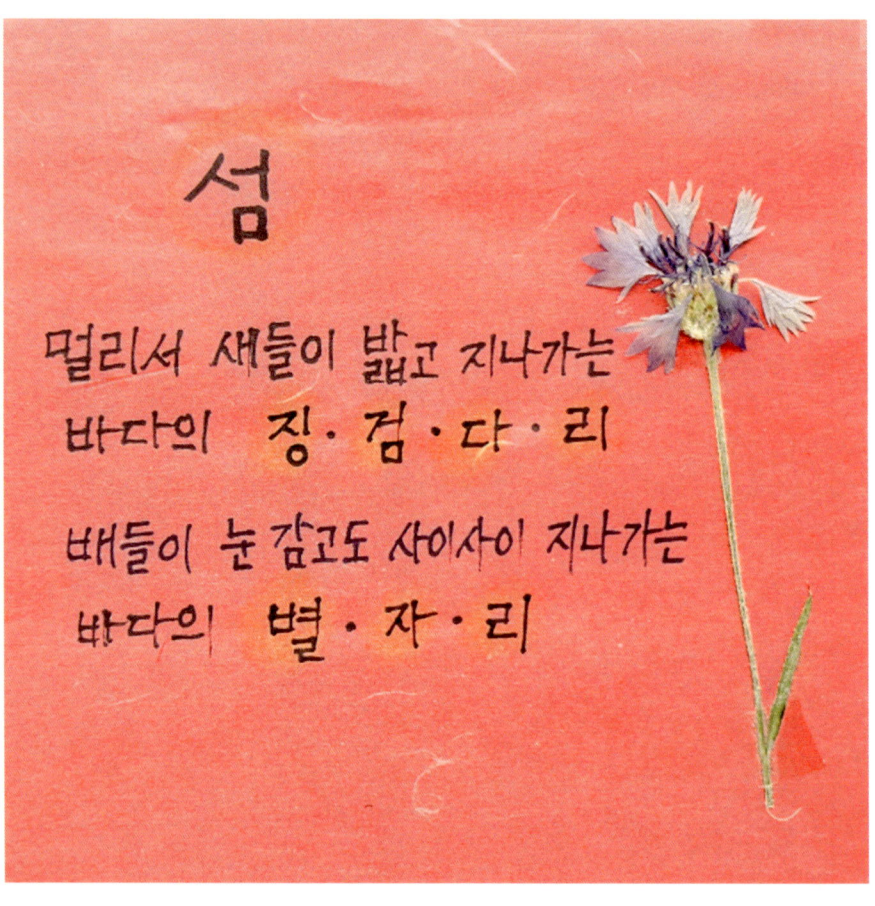

섬

멀리서 새들이 밟고 지나가는 바다의 **징·검·다·리**

배들이 눈 감고도 사이사이 지나가는 바다의 **별·자·리**

숨바꼭질

나도 모르는 사이에 **술래**가 되었다.

담배 연기만 복도 끝에서 **유령**처럼 맴돌고 있다.

숲

살아서 못다 이룬 **꿈**이 되살아났다.

다시 태어난 **청춘**이 죽어서 살아가고 있다.

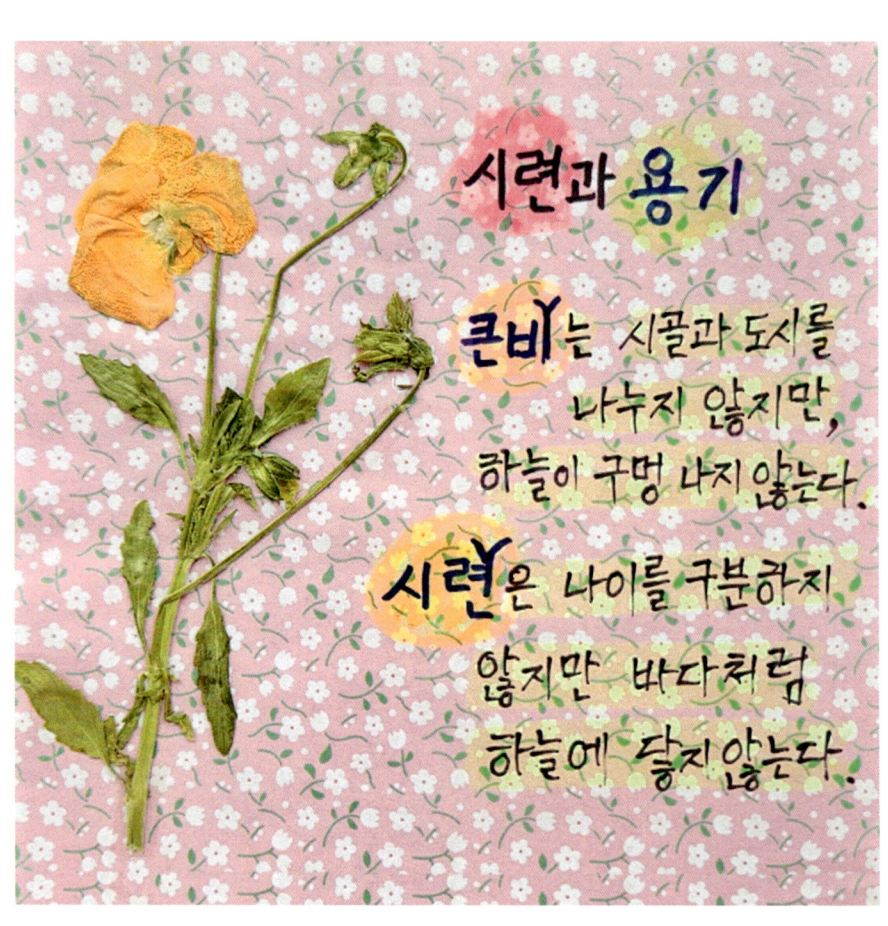

시련과 용기

큰비는 시골과 도시를 나누지 않지만,
하늘이 구멍 나지 않는다.

시련은 나이를 구분하지 않지만,
바다처럼 하늘에 닿지 않는다.

옹이

꺾인 상처가 클수록 더 단단해진 **아픔**의 자리

응어리진 시간이 여물어 더 단단해진 **마음**의 자리

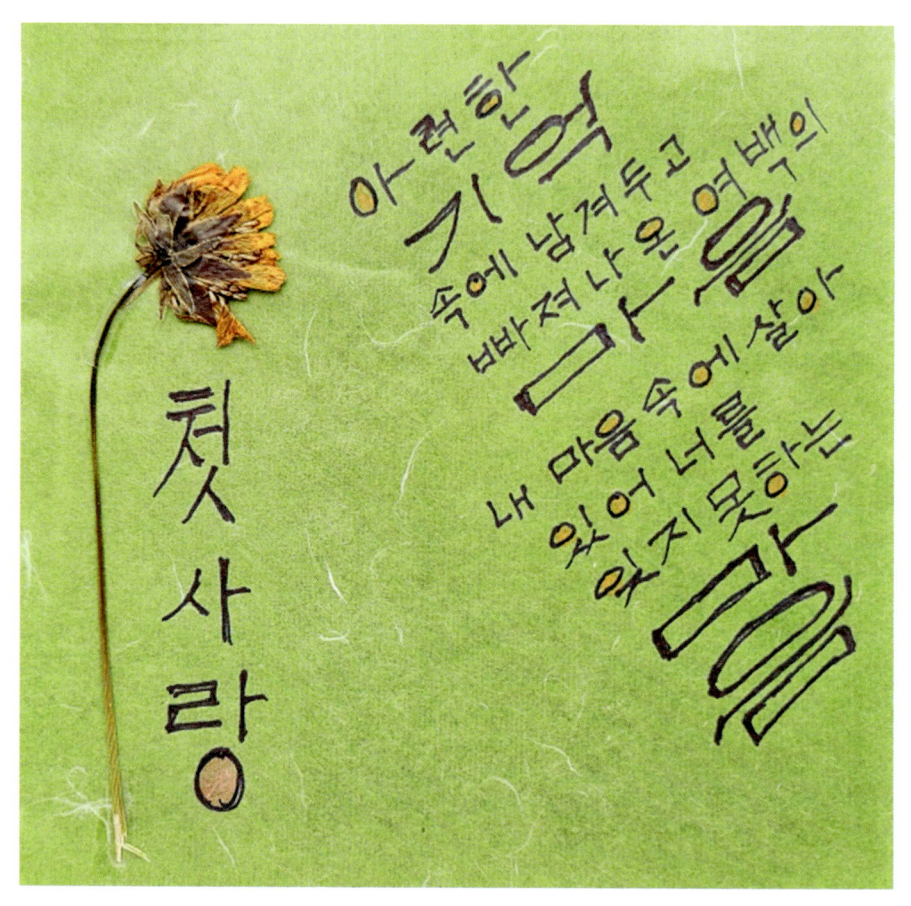

첫사랑

아련한 **기억** 속에 남겨 두고 빠져나온 여백의 마음

내 마음속에 살아 있어 너를 잊지 못하는 **마음**

최고의 사랑

평생을 넘어 다음 **생(生)**도 너에게 이어 닿기를

변하지 않을 긴긴 사랑, 시간 너머의 그 **사랑**

꽃피는길

눈 감긴 채 당하는 포박, 눈 뜬 채 끌려가는
인내의 길

순간순간이 주말, 퇴근은
월요병도 잊게 만드는
마법의 길

출퇴근길

눈 감긴 채 당하는 포박, 눈 뜬 채 끌려가는 **인내**의 길

순간순간이 주말, 퇴근은 월요병도 잊게 만드는 **마법**의 길

하루

장작은 잘 써도 결국 불은 꺼지고 **재**만 남는다.

하루를 잘 쓰면 후회는 사라지고 **뿌듯**함이 남는다.

감정의 구조와 기억의 미장센,
『가족 / 꽃 / 마음』

이 정 목
(서울디자인고등학교 교장, 예술학 박사)

1. 시와 공간, 정서의 구조를 설계하다.

시를 읽는 일이 감정을 따라가는 일이라면, 시를 평하는 일은 그 감정의 흐름과 구조를 더듬는 일이다. 특히 이 시집처럼 서사적 기억과 감정의 밀도를 동시에 품고 있는 작품 앞에서는 나는 문학 평론가가 아니라 하나의 공간 설계자로서 시를 바라보게 된다. 단어 하나하나가 물성과 질감을 가지고 배치되고, 문장의 흐름은 공간의 동선처럼 이어지며, 한 편의 시는 그 자체로 하나의 방이 된다. 감정이 머무는 방, 추억이 빛을 들이는 창, 마음의 온도를 조율하는 벽체 — 이 시집은 그런 의미에서 '정서의 실내 건축'이라 할 수 있다.

총 3부로 구성된 조남진의 시집은 각기 다른 층위를 지닌다. 1부는 가족의 공간이다. 어머니와 아버지, 할머니, 이모, 딸아이 등 실

존적 관계들이 서정적 밀도를 얻어 시가 된다. 그들은 단지 등장인물이 아니라, 감정의 중심이자 시간의 뿌리로 기능한다.

  2부는 꽃을 중심으로 한 계절의 미장센이다. 꽃이라는 시각적 상징은 여기서 시간과 감정의 전이 장치로 활용되며, 색채와 질감, 촉각적 감성을 자극한다. 3부는 일상이다. 보다 구체적인 풍경들 — 시험감독, 약수터, 버스, 출근길 등 — 을 배경으로, 감정의 섬세한 결들이 펼쳐진다. 이 시집은 결국 세 가지 방향의 층위, 즉 관계의 밀도(1부), 자연과 감정의 심상(2부), 현실적 존재의 층(3부)을 입체적으로 구성해 낸다.

2. 1부 : 가족을 담다 – 구조와 시간의 흐름

  「꽃, 꽃」은 시작부터 시적 감정을 조형적으로 펼쳐낸다. '바다꽃', '구름꽃', '바람꽃' 등 자연의 언어를 꽃이라는 상징으로 묶어낸 방식은, 감정이 풍경 속으로 스며드는 구조를 보여준다. 이 시에서의 꽃은 단지 미학적 상징이 아니라, 구조적 장치다. 마치 햇빛이 드는 방향을 고려한 공간 설계처럼 기억의 방향을 정서의 조명으로 비추는 장면 구성은 정교하다.

  「다듬이 소리」는 리듬이라는 조형 언어로 쓰여진 시다. '토닥토닥 토닥 도닥'의 반복적 의성어는 단지 소리를 묘사하는 데 그치지 않고, 감정의 무늬를 두드려 만든다. 건축에서는 반복과 차이를 통해 공간의 밀도를 조절하듯, 이 시는 정서의 파동을 반복을 통해 격조 있게 이어간다. 어머니와 할머니가 나란히 앉아 구기고 찢긴 삶을 '다듬는' 장면은, 일종의 기억 복원 작업이다. 그 '다듬이질'은 정서의 건축 재료가 되어, 시집 전체의 분위기를 구축한다.

「둘째 이모」, 「아버지의 단잠」, 「아버지의 술」 등은 노동이라는 시간의 구조 안에서 가족이 겪는 생의 밀도를 시적으로 압축한 작품들이다. 특히 「아버지의 술」에서 '여섯 병이면 꽉 차는 나무 궤짝'이라는 구절은 조형적 강도까지 지닌다.

술 궤짝은 노동의 부산물이자 가족 생계를 담보한 구조물이다. 나는 이 시를 읽으며 오래된 공장 창고 안에 놓인 나무 상자를 떠올렸다. 그런 방식으로 이 시들은 독자에게 감각의 오브제를 제공한다.

3. 2부 : 꽃을 담다 – 색채와 계절, 감정의 유기적 확장

꽃이 중심 테마인 2부는 색채 감각이 매우 탁월하다. 이는 단지 '예쁜' 묘사 차원을 넘어, 감정의 레이어를 색으로 입히는 작업이다. 예를 들어 「꽃 편지」는 '파르르한 내 마음의 빛깔'이라 말한다. 이때 '파르르'는 시각뿐 아니라 촉각, 심지어 미세한 청각적 감각까지 이끌어낸다. 이는 회화적이며 동시에 인터렉티브(Interactive)하다.

「벚꽃 피날레」나 「은행잎의 춤」은 조형성과 퍼포먼스(Performance)적 감성이 뛰어난 시들이다. 전자는 벚꽃의 개화와 낙화 과정을 드라마틱한 연출로 풀어내며, 벚꽃을 둘러싼 시간의 레이어를 감정적 서사로 연결시킨다. 후자는 '황홀한 몸짓'이라는 표현을 통해 가을의 나뭇잎을 하나의 무용수로 묘사하며, 그 퇴장의 순간까지도 미학적으로 포착한다. 무대 디자인 혹은 설치미술을 연상시키는 이 시들의 구성은 단순한 서정시의 범위를 넘는다.

또한 「봉숭아 물들이는 시간」은 색과 기억의 결합, 그리고 신체적 감각까지 결합한 복합 예술적 작품이다. '붉게 타올랐던 숯 가슴', '혈액처럼 분출되어 온몸에 번지는 어머니 사랑', 이런 표현은 붓으로 채색하듯 정서를 물들이는 조형적 언어이다. 디자이너의 눈으로 보면 이 시는 감정의 물성을 지닌 텍스타일 같고, 스며드는 사랑의 레이어를 레이아웃한 페브릭 디자인 같다.

4. 3부 : 일상을 담다 – 현실의 조형과 서사의 재구성

3부의 시들은 일상을 구성하는 다양한 풍경을 조명한다. 「서서 가는 인생」, 「약수터」, 「출퇴근길」 등은 도시적 맥락 안에서 몸과 마음이 겪는 물리적 리듬을 정서의 동선으로 옮겨 놓는다. 특히 「서서 가는 인생」은 지하철이라는 압축 공간을 삶의 축소판으로 형상화한다.

"축 처진 어깨가 내려가 더 늘어진 그림자", "기울어진 중심 위에서 떨어지지 않으려 발버둥" ― 이런 표현은 실재하는 공간이 감정의 압축된 상징이 될 수 있음을 보여준다.

「시험 감독」, 「진로 적성 검사」 등의 시는 풍경적 스케치와 풍자, 교실이라는 공간의 구조적 연출까지 갖춘 작품들이다. 수많은 학생들의 움직임, 방송의 음성, 선택형 마킹 등은 실제 교실의 리듬과 매우 흡사하게 조형되었다. 단순한 묘사를 넘어 감정의 공간을 연출하고 있다는 점에서, 이는 평면적 시가 아니라 공간적 시이다.

「진실」에서는 시간의 상대성과 가치의 전복이라는 주제를 다룬다. 숨겨진 돈과 달력, 가난의 기억은 단지 이야기로 기능하는 것이 아니라, 공간 속 오브제로 존재감을 드러낸다. 숨겨진 달력은 더 이상 쓸모없는 물건이 아니라, 시간을 저장한 컨테이너이며 감정의 조형적 기호다.

5. 감정의 재료, 언어의 표면

이 시집을 읽으며 나는 '감정에도 재료(Material)가 있다'는 생각을 했다. 어떤 감정은 목재처럼 따뜻하고 결이 있으며, 어떤 감정은 유리처럼 투명하지만 깨지기 쉽다. 또 어떤 감정은 콘크리트처럼 단단하지만 차갑고, 어떤 감정은 직물처럼 몸에 밀착되어 감싸준다. 이 시집은 감정의 질감을 단순히 묘사하는 것이 아니라, 재료처럼 다루고 가공한다. 언어는 단지 표현이 아니라, 공간의 표면을 구성하는 질감이 된다.

6. 결론 : 시의 공간, 삶의 조형

『가족 / 꽃 / 마음』은 단지 시를 모아놓은 시집이 아니다. 이는 기억의 구조물이며, 감정의 평면 설계도이다. 하나하나의 시가 공간을 만들고, 정서를 흐르게 하며, 기억을 반사시키는 벽체가 된다. 내가 이 시집을 읽는 일은, 작은 모형을 조립하는 일처럼 섬세하고도 내밀한 작업이었다. 어느 방에서는 어머니의 향기가 났고, 어느 창문 너머로는 바닷물이 밀려왔으며, 어떤 시의 복도에서는 두런두런 말소리가 들렸다.

실내 건축 전문가로서 나는 감정이 머무는 공간을 설계하고, 디자인을 전공한 디자이너로서 색과 선이 감정을 전달하는 방식을 익혀왔다. 이 시집은 그러한 내 감각을 자극했고, 감정의 집을 하나하나 구성해 보게 했다. 그래서 조남진의 시집은 나에게 하나의 '시적 전시관'으로 남는다. 그리고 그 전시관의 모든 방마다, '사람'이, '사랑'이 살고 있었다. 시인이 살아온 날들 속에서 그가 무엇을 어떻게 생각해 왔는지를 가감 없이 드러내 보여주는 회고이기도 하다. 뜻깊다. 조남진의 시들에게 감사를 전한다.

찰나의 아름다움과 소멸의 미학
- 시 '노을'에 대한 사랑스럽고 뜨거운 감정 -

천 승 일
(시인, 서울컨벤션고등학교 교장)

노을에 번진 얼굴
내 마음 들킨 것 같아
볼 붉어졌다.

번번이 이럴바엔 고백하는 게 낫겠다.
어떤 너의 말도 내 마음 들어오면
용광로라는 걸

물어보지 마라
내 얼굴 붉게 만든 건 노을이 아니라
너란 걸

- 시 '노을' 전문 -

『노을』은 해 질 녘 온 세상을 물들이는 오묘한 빛깔처럼, 우리네 삶의 다채로운 순간들을 깊이 있게 비춰내는 작품으로 어스름이 내리는 시간 우리는 하루를 마무리하며 지나온 길을 돌아봅니다.

바로 그 노을빛처럼, 찬란했던 순간과 아련한 아픔, 그리고 삶의 굽이굽이 스며든 희로애락을 잔잔하게 때로는 격정적으로 담아내고 있습니다. 이 시를 통해 시인의 섬세한 시선은 평범한 일상 속에서 마주하는 찰나의 아름다움과 소멸의 미학을 발견하게 합니다.

한 편 한 편의 시를 읽어 내려갈수록 우리 독자는 고요하면서도 짙은 여운 속으로 빠져듭니다. 시인의 언어는 과장되지 않으면서도 울림이 크고, 간결하면서도 깊은 통찰을 담아냅니다. 마치 석양을 마주한 듯, 시를 읽는 동안 마음 한켠이 아련해지고 이내 따뜻한 위로를 얻는 경험을 선사합니다.

일반적으로 노을이라는 건 해가 지면서 하늘을 붉게 물들이는 아름다운 현상으로 풀이할 수 있겠지만, 이 시에서 노을은 단순히 배경이 아니라, 화자의 붉어진 얼굴을 '감춰주는 척'하는 재치 있는 장치로 짧지만 강렬하게, 풋풋하면서도 뜨거운 감정이 훅 들어오는 느낌입니다. 마치 '어'나 지금 좀 설레서 얼굴 빨개졌는데 어떡하지? 아, 노을 때문이라고 해버릴까 하는 듯한 귀여운 상상마저 떠오르게 합니다.

첫 번째 연에서 "노을에 번진 얼굴 / 내 마음 들킨 것 같아 / 볼 붉어졌다."라고 할 때는 아직 '내 마음'이 무엇인지 정확히 드러나지 않지만, 뭔가 비밀스러운 감정이 있다는 걸 너무 잘 보여줌으로써 붉어진 볼은 노을 탓인 척 하지만, 사실은 그 안에 숨겨진 마음이 들킬까 봐 두근거리는 화자의 속마음이 느껴져서 공감대가 확 형성되는 느낌입니다. 아, 저도 이런 적 있었던 것 같은데… 하면서 피식 웃음을 자아내게 하고 있습니다.

두 번째 연에서는 이제 화자의 고민이 슬쩍 드러나요. '번번이 이럴 바엔 고백하는 게 낫겠다.'고 이미 여러 번 이런 감정 변화가 있었다는 걸 알 수 있습니다. 그만큼 상대방에 대한 마음이 깊고, 이제는 숨기기 어렵다는 걸 돌려서 말하고 있습니다.

'어떤 너의 말도 내 마음 들어오면 용광로라는 걸'을 통하여 심장이 '쿵!' 하고 내려앉는 느낌을 갖게 함으로써 용광로의 그 어떤 뜨거운 사랑 표현보다도 강렬하고 직설적인 비유가 아닐까 싶습니다. 상대방의 사소한 말 한마디까지도 화자의 마음을 불타는 용광로처럼 뜨겁게 만든다는 의미로 이 정도면 사랑을 넘어서 격정(激情) 그 자체입니다. 정말로 사랑에 빠진 사람의 마음이 고스란히 느껴지는 부분이라 너무 인상 깊이 느껴집니다.

그리고 마지막 연, '물어보지 마라 / 내 얼굴 붉게 만든 건 노을이 아니라 / 너란 걸'. 이 세 번째 연에서 시의 모든 반전과 핵심이

터져 나옵니다. 그동안 노을 탓을 했던 척, 자신의 붉어진 얼굴을 감추려 했던 화자가 이제는 정면으로 '너'에게 자신의 마음을 고백하는 거죠.

'물어보지 마라'라는 약간의 퉁명스러움 뒤에 숨겨진 솔직하고 찐득한 고백이 시의 매력을 최고조로 끌어올린다고 생각합니다. '노을'이 아니라 '너'라는 단호한 선언은 이 시가 가진 모든 낭만과 열정을 집약적으로 보여주는 클라이맥스라고 할 수 있습니다. 전체적으로 이 시는 정말 간결한 단어들로 이루어져 있는데, 그 단어들이 뿜어내는 감정의 파장은 크게 느껴질 수밖에 없다고 생각합니다.

짝사랑의 설렘부터 시작해서, 숨길 수 없는 마음의 동요, 그리고 결국에는 폭발하듯이 터져 나오는 고백까지 사랑의 과정을 압축적이고 감각적으로 잘 담아낸 것 같습니다.

젊은 세대들이 공감할 만한 솔직함과 재치가 돋보이고, 시를 읽는 내내 제 얼굴도 덩달아 붉어지는 경험을 하게 만드는 마성의 매력이 있습니다. 마치 좋아하는 사람 앞에서 애써 괜찮은 척하다가 결국 들켜버리는 귀엽고 솔직한 순간을 포착한 듯한 시라고 할 수 있겠습니다.

이렇게 사랑스럽고 뜨거운 감정을 담아냄으로써, 오늘을 살아가는 우리에게 어둠이 내린 뒤에도 새로운 새벽이 찾아온다는 희망의 메시지를 던지며, 찰나의 순간들이 모여 영원한 아름다움을 이룬다는 진리를 잔잔히 일깨워줍니다. 바쁜 일상 속에서 잠시 멈춰 서서 내면의 깊이를 들여다보고 싶은 이들에게 이 시집을 기꺼이 추천합니다. 『노을』은 당신의 마음속에 오래도록 잊히지 않을 황홀경을 선사할 것입니다.

『가족 / 꽃 / 일상을 담다』

강 전 용
(홍익디자인고등학교 교장)

시집 『가족, 꽃, 일상을 담다』는 가족의 기억과 사랑, 특히 아버지와 어머니와의 추억, 다양한 꽃과 나무의 자연 풍경을 시인의 따뜻한 시선으로 담아낸 서정시입니다. 시인은 부모의 삶과 희생, 유년의 기억, 사랑의 순환, 자연의 은유를 통해 삶의 깊은 감정과 정서를 섬세하게 그려내어 우리들의 가슴 깊이 서려 있는 가족 간의 애환을 불러일으키며, 잊고 지낸 짝사랑의 감정을 다시금 떠올리게 합니다.

이 시집은 한 번쯤은 읽고 상념과 추억에 잠기고 싶은, 그런 감성의 여운을 남기고 있습니다. 예를 들어 주요 시의 주제에 관해서는 다음과 같이 정리하고 싶습니다.

(1) 부모의 헌신과 삶의 흔적

'어머니', '아버지', '다듬이 소리' 등에서 부모의 고단한 생애와 자식에 대한 사랑이 절절하게 표현되어 있습니다.

(2) 기억과 성장의 풍경

'나의 옛날이야기', '둘째 이모' 등은 1970~80년대 한국의 서민적 삶을 배경으로 한 회고로, 정감과 향수를 자아내고 있습니다.

(3) 사랑의 순환과 기다림

'동글다 사랑', '사랑 줄', '첫눈 오는 날' 등에서 사랑은 원형의 감정으로 묘사되며, 기다림과 설렘이 교차하고 있는 것을 느끼게 하고 있습니다.

(4) 자연의 상징성과 감정의 투영

'꽃', '구름꽃', '가을 눈' 등에서 자연은 감정의 거울이자 존재의 은유 로 등장하며, 시인의 내면을 투영하고 있습니다.

(5) 일상 속의 감정과 관계

'첫눈 오는 날', '생일 선물', '전국 노래자랑' 등은 일상에서 피어나는 감정의 결을 섬세하게 표현하고 있으며, 특별한 사건이 아닌 평범한 순간 들 속에서 삶의 본질을 발견하고 있습니다.

시는 우리에게 감각적 이미지와 의성어의 반복을 통해 정서적 리듬을 형성해 주기도 하고, 서정과 서사가 결합한 구조로, 한 편의 짧은 이야기를 듣는 듯한 몰입감을 선사합니다. 일상의 언어를 통해 보편적 감정을 시적으로 승화시켜 누구나 읽고 공감할 수 있는 따뜻한 시적 공간을 만들어내고 있습니다. 시를 읽고 나면 마음속에 어머니와 아버지의 추억이 아련하게 떠오르고, 자연 속을 거닐며 느끼는 편안함과 평화스러움이 마음을 감싸주고 있습니다.

『가족, 꽃, 일상을 담다』는 한 사람의 인생을 꽃다발처럼 엮어낸 시집이라고 생각합니다. 삶의 아름다움과 덧없음을 동시에 표현하며, 읽는 이에게 따뜻한 위로와 공감을 주며, 단순하지만, 깊은 언어, 절제된 감정 속에서 진한 울림을 전하는 이 시집은, 읽는 이의 마음에 벚꽃처럼, 동백꽃처럼, 목련꽃처럼, 봉숭아꽃으로 물들인 꽃처럼 첫사랑을 기다리며 오래도록 피어날 것입니다.

내 마음을 흔들어놓은 시

조 혜 리
(국어국문과 석사과정)

1. 다듬이 소리(가족을 담다 中에서)

다듬이질하는 소리와 상대를 위로할 때 비유적으로 사용하는 어휘인 '토닥', '도닥'을 연결 지음으로써 시의 전체적인 분위기를 따뜻하지만, 한편으론 서글픈 느낌으로 이끌어가고 있다. 다듬이 소리를 언뜻 들으면 시끄럽고 반복적인 소음에 불과할 수 있으나, 그 이면에는 한껏 구겨지고 잔금이 생긴 그날의 고생을 조금씩 빳빳하게 펴준다는 점에서 따스함을 엿볼 수 있다.

이 시에서는 주름진 옷을 펴기 위해 하는 다듬이질이, 사실상 일상에 지쳐 구겨진 마음을 펴는 것이나 다름없다며 간접적이나마 위로를 건넨다. 아무리 두드려도 주름은 쭈글쭈글하고, 돌다리는 끝을 모르고 늘어서 있다. 도저히 끝이 보이지 않는 다리의 행렬에 두드리는 것조차 벅차고, 그저 오늘 하루의 주름이 이마에 박혀 펴질 줄 모른다.

그래도 언젠가 반듯이 펴질 주름을 위해 방망이로 옷감 두드리듯 주먹으로 가슴을 두들긴다. 이제는 옛날이야기로 추억하곤 하지만, 잔뜩 구겨진 옷을 토닥이며 사람의 마음까지 도닥인 우리네 시절을 이 시를 통해 다시 한번 느껴볼 수 있다.

2. 아침 단풍(꽃을 담다 中에서)

이 시에서 가장 인상적인 부분을 말하라고 한다면 단연 두 번째 연이라고 할 수 있다. 서리를 차가운 불로 비유한 것, 그로 인해 나뭇잎이 화상 입은 듯 벌겋게 변했다고 표현한 것이 무척 독특하고 익살스럽다.

단풍을 소재로 쓰인 시는 무척 많지만, 서리를 불로, 안개를 소방수로 나타낸 것이 상당히 유쾌한 표현이라고 생각한다. 서리와 안개의 경우, 단면적으로는 차갑고 수동적인 이미지처럼 보이지만, 이 시에서만큼은 누구보다도 열정적이고 능동적인 형상으로 그려내고 있다.

반대로 자신의 의지로 색이 변한 게 아니라 외부에 의해 어쩔 수 없이 자신의 몸에 화상을 입어야 했던 나뭇잎의 수동적이고 안일한 태도에 안타까운 감정마저 든다. 불 끄러 달려온 안개마저도 나뭇잎의 그을음을 늦출 순 없을 것이다.

그렇다고 해서 안쓰러운 이 감정에 묶이지 않고, 결국 이러한 과정도 자연의 순환일 뿐이며 조금만 지나면 발갛던 피부를 탈피하고 다시 푸릇한 심장이 돌아날 것임을 염두에 둔다면 다시 상쾌

한 마음이 들고 만다.

　무엇보다도 시의 각 연을 하나의 산처럼 구성한 것 역시 작품의 묘미일 것이다. 가을 산에 물든 단풍이라는 주제와 걸맞은 형식으로 구성함으로써 시에 재미와 특별함을 더해주며, 마치 동시를 보는 듯 깔끔한 재치를 느낄 수 있게 한다.

3. 받침목 + 서서 가는 인생(일상을 담다 中에서)

　새로운 묘목을 심을 때 휘거나 꺾이는 것을 방지하고자 삼각대 형태로 나무 받침목을 놓곤 하는데, 실상 한 나무의 올곧음을 위해 세 개의 받침목은 세상을 45도 각도로 살아가게 된다. 어찌 보면 배보다 배꼽이 더 크다고 느낄 수도 있겠다. 잠깐만 셈을 해봐도 하나를 위한 셋의 희생은 비효율적이기까지 하다. 심지어 그들이 희생하는 이유는 어디서 왔는지 모를 이방인을 위함이다. 결국 굴러온 돌이 박힌 돌 빼낸다는 옛말이 저절로 생각나는 것이다.
　하지만 새로 세상에 태어난 생명의 성장을 위해 세 그루의 거목이 기꺼이 제 무릎을 꿇어 받치고 있는 거라면 나름대로 우리네 인생을 녹여내고 있는 게 아닐까? 한 아이를 키우려면 온 마을이 필요하다는 아프리카 속담이 있다. 아이가 자기 혼자 쑥쑥 클 수는 없는 노릇이려니와, 만일 그렇게 한다 해도 그 아이는 삐뚤게 자라게 될 가능성이 크다. 그때마다 온 마을의 어른들이 아이를 지지하고 받쳐줘야만 완전한 어른이 될 수 있을 것이다.

시에서는 '영문도 모른 채 목숨을 내놓은' 세 그루의 나무를 추모하고 있지만, 다른 시각에서 본다면 세 그루의 희생을 통해 곧아질 수 있었던 한 그루의 아이를 떠올릴 수 있을 듯하다.

직장인이라면 한 번씩, 아니 매번 느껴봤을 출퇴근길의 혼잡함과 복잡함을 인생과 연결 지어 잘 녹여낸 시이다.
환승역에서 한 번에 내리는 사람들의 졸음과 꽉 찬 인구 밀도에 차마 손잡이조차 잡지 못해 흔들리는 몸을 간신히 가누는 피로감이 절로 느껴지는 듯하다.
특히 3, 4연에서 손잡이를 잡지 못한 채 흔들리는 직장인들을 나무로 비유하면서 제대로 뿌리 박지 못한 채 중심을 잡으려 비틀대는 그들의 모습을 위태롭게 그려내고 있다. 모두가 느껴봤을, 고된 하루에 더해 퇴근길까지 나를 쥐어짜는 듯 신경질 나는 순간이 눈앞에 선하게 나타난다.
어떻게든 발을 내디뎌 안정을 되찾으려 하지만 마음 급한 열차가 관성을 들먹이듯 급정지하는 순간 노력이 무색하게 다 같이 흔들거린다. 간신히 넘어지진 않게 다리를 절뚝이며 언제쯤 답답증에서 벗어날 수 있을지 자문한다. 알면서도 도착역을 다시 한번 흘끔거린다.

노을은 이미 저만치 사라져가고, 사람들 그림자도 흔들흔들 길게 누워 시위한다. 저 그림자처럼 눈코입 없이, 새카만 형체만을 남기고 평생 누워만 있을 수 있다면. 개성 없는 그림자가 기실 내 모습과 다를 게 무엇인가? 뿌리 박지 못한 채 압력에 못 이겨 이리저리 흔들리는 모습이 그림자와 다름없을지어다. 이런저런 쓸데없는 생각을 하다 보면 기어코 내릴 역에 도착한다. 지금 내가 딛고 있는 땅이 기울어졌는지 신경 쓸 겨를도 없이 터벅터벅 걷지만, 언젠가는 100년을 산 나무처럼, 한 자리에서 버티는 사람이 될 수 있길 바라본다.

꽃이 되지 못한 시 1

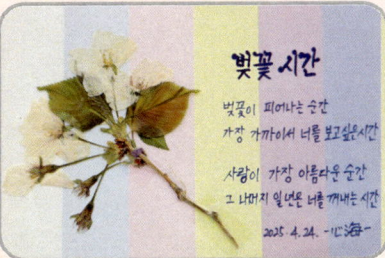

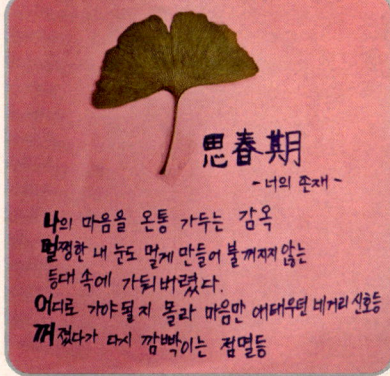

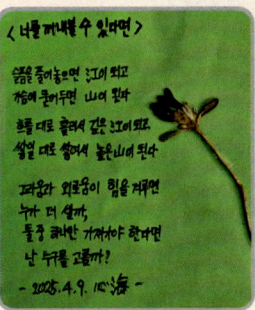

꽃이 되지 못한 시 2

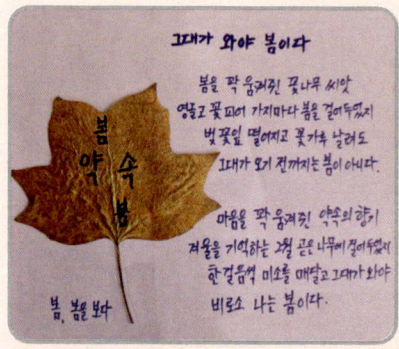

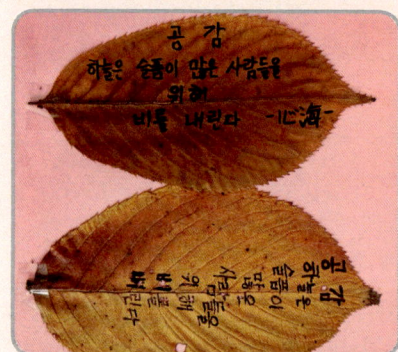

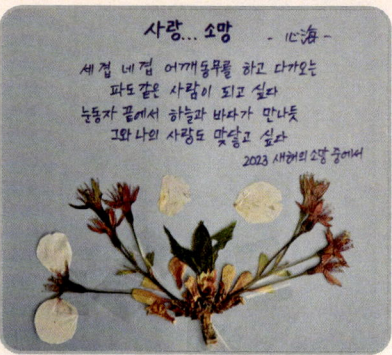

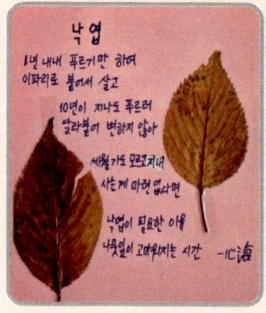

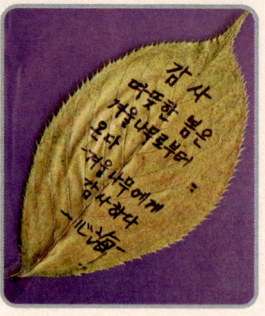

꽃시집
꽃 피는 시험

인 쇄 일 | 2025년 9월 30일
발 행 일 | 2025년 10월 2일

지 은 이 | 조남진(心海)
펴 낸 곳 | 도서출판 조은
발 행 인 | 김화인
편 집 처 | 명인플러스
주   소 | 서울시 중구 을지로20길 12, 대성빌딩 405호
전   화 | (02) 2278-6071
이 메 일 | simhae3@hanmail.net
출판등록 | 1995년 7월 5일 신고번호 제1995-00098호
I S B N | 979-11-94562-15-3(03810)
정   가 | 15,000원

이 책의 무단전제와 무단복제를 금지하며,
저자와 동의 없이 내용의 일부를 인용하거나
발췌하는 것을 금합니다.